面向现代化的小城镇发展战略研究

DEVELOPMENT STRATEGY OF CHINESE SMALL TOWN FACING MODERNIZATION

荣西武◎著

中国经济出版社
CHINA ECONOMIC PUBLISHING HOUSE
北 京

图书在版编目（CIP）数据

面向现代化的小城镇发展战略研究 / 荣西武著 .
--北京:中国经济出版社，2023. 10
ISBN 978-7-5136-7515-4

Ⅰ. ①面… Ⅱ. ①荣… Ⅲ. ①小城镇-城市发展战略
-研究-中国 Ⅳ. ①F299. 21

中国国家版本馆 CIP 数据核字（2023）第 189984 号

责任编辑　耿　园
责任印制　马小宾

出版发行　中国经济出版社
印 刷 者　北京科信印刷有限公司
经 销 者　各地新华书店
开　　本　710mm×1000mm　1/16
印　　张　12. 25
字　　数　175 千字
版　　次　2023 年 10 月第 1 版
印　　次　2023 年 10 月第 1 次
定　　价　78. 00 元
广告经营许可证　京西工商广字第 8179 号

中国经济出版社 **网址** www. economyph. com **社址** 北京市东城区安定门外大街 58 号 **邮编** 100011

前　言

小城镇具有“城之尾，乡之首”的地位，在我国城镇化发展和推动城乡融合的过程中发挥着重要作用。改革开放以来，我国建制镇数量增长迅速，截至2023年3月，我国共有21397个建制镇①。1978—2002年建制镇数量年均增长率为9.61%；2002年我国建制镇数量首次超过乡数量。在城镇化水平迅速提高的同时，小城镇吸纳人口的作用十分显著，1990—2021年，建制镇（包含县城）人口增长了1.72倍，而同期城市人口增长了41%。小城镇曾孕育大批乡镇企业，为农村工业发展提供成长土壤，展示出引人注目的发展活力，对减少贫困、缩小城乡差距、促进区域经济发展做出重大贡献，真正体现出“小城镇，大战略”。然而2000年以来，随着我国乡镇企业发展浪潮逐渐衰退、土地供给向城市倾斜、政策供给不足（尤其是落实“小城镇，大战略”的政策供给不足），大量农村剩余劳动力开始向就业机会更多、功能更完善的城市，尤其是大城市、特大城市转移，全国小城镇人口趋于稳定，小城镇数量趋于平稳，有的小城镇甚至出现人口经济衰退、消失撤并的情况，小城镇在城镇化进程中的角色发生转变。

中国特色社会主义进入新时代，小城镇是否有新的战略定位和发展目标，在未来经济社会发展中将扮演何种角色，在新型城镇化、乡村振兴、城乡融合发展过程中将发挥什么样的作用、着力点在哪里……这一系列问题都值得进一步研究。

本书研究的小城镇是指经省、自治区、直辖市人民政府批准设立的建制镇（城关镇除外）。本书主要从以下两个方面展开研究：一是系统研究小城镇建设对新型城镇化、乡村振兴、城乡融合发展、城市群建设等国家

① 民政部2023年一季度民政统计数据。

战略的支撑作用，客观判断新时代小城镇建设的战略定位、发展潜力和着力点；二是围绕进入新时代后，如何推进我国小城镇高质量发展，提出了小城镇建设的时代意义、目标原则、重点任务，并提出了加快推进小城镇分类工作、科学编制小城镇发展规划的方法和路径。同时，基于国家战略需要和小城镇发展困境，提出面向现代化的我国小城镇发展建议，以期为现代化小城镇建设提供借鉴。

本书的出版得益于国家发展改革委城市和小城镇改革发展中心领导和同事的大力支持和无私帮助，得益于众多良师挚友的关心指导，得益于出版社编辑的辛勤劳动，得益于亲朋好友的无私奉献和默默付出，在此深表感谢。本书在撰写过程中借鉴和引用了其他学者的相关研究成果，在此一并表示衷心的感谢。受作者专业水平和资料可得性限制，疏漏之处在所难免，敬请专家学者和广大读者批评指正。

荣西武

2023 年 7 月

目　录

第一章　小城镇发展基础和发展环境 …… 1
第一节　新时代发展小城镇的重要意义 …… 1
一、小城镇依然是我国经济社会发展的重要阵地 …… 1
二、小城镇是实现乡村全面振兴的重要引擎 …… 2
三、小城镇是我国新型城镇化的重要载体 …… 3
第二节　小城镇发展总体情况 …… 4
一、小城镇发展现状 …… 4
二、小城镇发展历程 …… 10
三、小城镇发展政策演变 …… 15
第三节　小城镇发展取得的主要成就 …… 19
一、镇区建成区平均规模显著增加 …… 20
二、建设投入和市政配套明显提升 …… 22
三、生态环境建设取得显著成效 …… 23
四、重点地区小城镇发展较快 …… 24
第四节　小城镇面临的新挑战、新机遇和新使命 …… 27
一、新时代小城镇面临的新挑战 …… 27
二、新时代小城镇面临的新机遇 …… 28
三、新时代赋予小城镇的新使命 …… 29
第二章　小城镇发展趋势、特征和突出问题 …… 32
第一节　小城镇发展趋势与影响因素 …… 32
一、不同区域小城镇发展趋势与影响因素 …… 32
二、不同资源禀赋小城镇发展趋势与影响因素 …… 36
三、不同地形条件小城镇发展趋势与影响因素 …… 40
四、不同区位小城镇发展趋势与影响因素 …… 44

第二节 小城镇分化发展趋势和主要特征 …………………………… 46
一、特大镇、经济强镇逐步成为小城市 …………………………… 46
二、紧邻城市的小城镇逐步融入都市区 …………………………… 49
三、资源依托型小城镇呈特色化发展 ……………………………… 50
四、大部分小城镇将继续常态化发展 ……………………………… 51
五、资源匮乏小城镇逐步收缩、撤并 ……………………………… 52
第三节 小城镇发展面临的关键约束 ………………………………… 53
一、定位不明确，有效支持力度较小 ……………………………… 53
二、环境品质差，集聚要素能力不强 ……………………………… 53
三、设施配套差，镇区建设相对滞后 ……………………………… 54
四、分化趋势明显，分类指导精准施策不够 ………………………… 55
第三章 小城镇建设的国内外经验与启示 ………………………… 57
第一节 德国小城镇建设经验和对我国的启示 ……………………… 57
一、德国小城镇建设的主要经验 …………………………………… 57
二、对我国小城镇建设的启示 ……………………………………… 59
第二节 法国小城镇建设经验和对我国的启示 ……………………… 60
一、法国小城镇建设的主要经验 …………………………………… 60
二、对我国小城镇建设的启示 ……………………………………… 62
第三节 日本小城镇建设经验和对我国的启示 ……………………… 62
一、日本小城镇建设的主要经验 …………………………………… 62
二、对我国小城镇建设的启示 ……………………………………… 65
第四节 韩国小城镇建设经验和对我国的启示 ……………………… 66
一、韩国小城镇建设的主要经验 …………………………………… 66
二、对我国小城镇建设的启示 ……………………………………… 67
第五节 国内重点区域小城镇发展经验总结 ………………………… 68
一、京津冀小城镇发展经验 ………………………………………… 68
二、长三角小城镇发展经验 ………………………………………… 71
三、珠三角小城镇发展经验 ………………………………………… 75

第四章 推进小城镇高质量发展基本要求 …… 79
第一节 准确判断小城镇的角色定位 …… 79
一、小城镇仍是保持经济低成本发展的重点区域 …… 79
二、小城镇仍是吸纳农业转移人口的重要载体 …… 80
三、小城镇是培育中小工业企业的重要平台 …… 80
四、小城镇是深化城镇化改革的试验田 …… 81
五、小城镇是区域协调发展的重要引擎 …… 82
第二节 科学确定小城镇发展原则和目标 …… 83
一、基本原则 …… 83
二、主要目标 …… 84
第三节 明确我国小城镇发展的重点任务 …… 89
一、着力增强小城镇综合承载能力 …… 89
二、着力提升小城镇美丽宜居水平 …… 90
三、着力推动小城镇特色化发展 …… 91
四、着力激发小城镇发展活力 …… 92
第五章 加快推进小城镇分类工作 …… 93
第一节 分类思路和原则 …… 93
一、分类思路 …… 93
二、分类原则 …… 94
第二节 分类方法与评价 …… 95
一、小城镇抽样调查 …… 95
二、综合发展水平评价 …… 96
三、全国小城镇分类 …… 100
第三节 分类指导小城镇发展 …… 104
一、设市发展梯队型 …… 104
二、城市辐射带动型 …… 105
三、非农产业推动型 …… 105
四、资源禀赋依托型 …… 106
五、传统农业支撑型 …… 106

第六章　科学编制小城镇发展规划 …………………………………… 108
第一节　科学规划是小城镇发展壮大的关键——以保定市白沟镇为例 ………………………………………………… 108
一、白沟镇市场发展回顾 ……………………………………… 109
二、科学规划是完善市场体系的关键 ………………………… 109
三、人性化服务是推动市场升级的重要力量 ………………… 110
四、诚信和品牌是白沟市场稳定健康发展的后盾 …………… 111
第二节　加强小城镇规划与管理 ……………………………… 112
一、小城镇规划管理的现状 …………………………………… 113
二、小城镇规划管理体制与机构 ……………………………… 115
三、小城镇规划管理中的主要问题 …………………………… 116
四、加强小城镇规划管理基本方略 …………………………… 118
第三节　科学预测小城镇人口规模——以天津市西青区中北镇为例 ………………………………………………… 119
一、人口增长与就业的关系 …………………………………… 119
二、基础就业法简介 …………………………………………… 120
三、基础就业法典型应用 ……………………………………… 121
四、基础就业法的优点与不足 ………………………………… 124
第四节　加强小城镇规划编制与实施评价 …………………… 125
一、评价指标体系 ……………………………………………… 125
二、确定指标的权重系数 ……………………………………… 128
三、等级标准与评价结果 ……………………………………… 129
四、评价指标体系特色 ………………………………………… 131
第七章　面向现代化的小城镇发展建议 ……………………………… 132
第一节　积极实施小城镇发展“四在”战略 ………………… 132
一、在重要讲话和文件中找方向 ……………………………… 132
二、在服务国家战略中谋地位 ………………………………… 133
三、在构建新发展格局中做贡献 ……………………………… 134
四、在国家部委文件中寻资源 ………………………………… 135

第二节　精准施策推进小城镇高质量发展 …………………………… 135
一、尽快出台促进小城镇健康发展的专门文件 ……………………… 135
二、因地制宜确定小城镇定位和发展方向 …………………………… 136
三、探索与经济强镇特点相适宜的发展道路 ………………………… 136
四、有序启动小城镇补短板强弱项工作 ……………………………… 137
五、精准发力推进各类小城镇科学发展 ……………………………… 138
第三节　加快推进重点区域小城镇发展 ……………………………… 138
一、加强小城镇与中心城市的便捷通道建设 ………………………… 139
二、积极承接中心城市非核心功能疏解 ……………………………… 139
三、加强“人地钱技”等发展要素保障力度 ………………………… 139
四、让小城镇成为“平急—平战结合”重要功能承载区 ………… 140
参考文献 …………………………………………………………………… 141
附录：有关文件 …………………………………………………………… 145
关于加强小城镇建设的若干意见 ……………………………………… 145
小城镇综合改革试点指导意见 ………………………………………… 149
关于加强土地管理促进小城镇健康发展的通知 ……………………… 155
中共中央 国务院关于促进小城镇健康发展的若干意见 …………… 158
财政部 住房城乡建设部关于绿色重点小城镇试点示范的
实施意见 ………………………………………………………………… 165
关于规范推进特色小镇和特色小城镇建设的若干意见 …………… 169
住房城乡建设部 国家开发银行关于推进开发性金融
支持小城镇建设的通知 ………………………………………………… 174
住房城乡建设部 中国建设银行关于推进商业金融支持
小城镇建设的通知 ……………………………………………………… 177
国家发展改革委办公厅关于建立特色小镇和特色小城镇
高质量发展机制的通知 ………………………………………………… 181

第一章　小城镇发展基础和发展环境

第一节　新时代发展小城镇的重要意义

小城镇是连城带乡的关键节点，是农民就地就近城镇化的重要场所，更是推动乡村振兴和城乡融合发展的前沿阵地，对促进我国新型城镇化、区域协调发展、乡村振兴、城乡融合发展和共同富裕等国家战略目标的落实落地，具有不可替代的承上启下的支撑和引领作用（见图 1-1）。

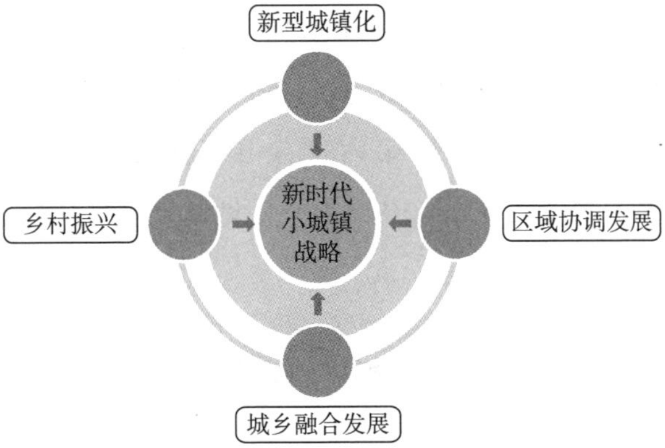

图 1-1　新时代小城镇的战略意义

一、小城镇依然是我国经济社会发展的重要阵地

（一）聚集了全国近 50%的规模以上工业企业

《中国统计年鉴（2021）》显示，2020 年我国小城镇镇域规模以上工业

企业达到 19.42 万个，约占全国规模以上工业企业总数的 48.62%，其中 63%左右的规模以上工业企业分布在镇区。另据住建部 2016 年对全国 121 个小城镇的调查[①]，尽管 2005—2015 年小城镇的生产总值年均增长率为 11%，低于同期全国 14%的平均增幅，镇域经济发展总体呈放缓态势，但与同期区县、地级城市以及全国经济相比，新常态下小城镇受宏观经济下行影响相对较小。2010—2020 年，与小城镇所属县城、所属地市相比，小城镇生产总值总量和人均生产总值增长率均高于所属县城和所属地市水平。

（二）承载着全国 1/2 的总人口

根据《中国县域统计年鉴（乡镇卷）（2021）》的数据，2020 年全国建制镇（含城关镇）行政辖区总面积为 467.78 万平方千米，占全国国土面积的 48.7%；建制镇镇域总人口占全国人口的 57.98%，总人口达到 8.19 亿人，镇均人口 386959 人，建制镇户籍人口总量和镇均人口规模都略有增加。另据第七次全国人口普查（以下简称“七普”）资料，截至 2020 年末，我国建制镇镇区（含城关镇）常住人口总数为 3.2482 亿人，占全国城镇总人口的 36.01%，相比第六次全国人口普查（以下简称“六普”），常住总人口增长了 22.2%，占全国城镇总人口的比重下降 3 个百分点。

二、小城镇是实现乡村全面振兴的重要引擎

（一）在乡村振兴战略落地过程中，小城镇具有天然的区位优势

一端连着城市，另一端连着乡村，小城镇是城市与乡村之间的重要联系纽带。完善小城镇发展环境，有利于促进各类发展要素向小城镇集中、

---

① 晁恒，邹小龙，李贵才．面向城市群的珠三角近郊型小城镇空间优化策略——以中山市沙溪镇为例［J］．现代城市研究，2018（9）：56-63.

集聚，激发小城镇活力，增强其对乡村发展的辐射力、带动力。《国家乡村振兴战略规划（2018—2022 年）》中提出，“因地制宜发展特色鲜明、产城融合、充满魅力的特色小镇和小城镇，加强以乡镇政府驻地为中心的农民生活圈建设，以镇带村、以村促镇，推动镇村联动发展”，凸显了小城镇在实施乡村振兴战略中的重要支撑作用。

（二）小城镇是促进城乡融合发展的重要支点

小城镇是县域次中心，也是服务县域广大农民生产生活的综合性功能节点。通过全面提升小城镇生产、生活功能和生态环境质量，有序推进小城镇基础设施和公共服务向周边农村地区延伸覆盖，可以用更低的成本、更短的时间满足农民上学、看病、购物、娱乐等基本生活需求，能更好地促进城乡人口、技术、资本、资源等要素相互融合、相互补充，加速城乡融合发展进程。这是城市力所不能及的。

三、小城镇是我国新型城镇化的重要载体

（一）小城镇建成区承载着全国 1/5 的城镇化人口

2020 年，全国小城镇（不含县城城关镇）镇区常住总人口 18433. 28 万人，占全国城镇总人口的 20. 16%，如果计入县城人口，则接近 35. 5%。根据“六普”“七普”数据（见表 1-1），2010—2020 年，小城镇（含县城）常住人口增长了 12. 57%，同期城市常住人口增长了 36%。随着以县城为重要载体的新型城镇化工作快速推进，全面落实取消县城落户限制政策，农业转移人口市民化的体制机制全面建立，小城镇在吸纳农业转移人口定居、落户方面的优势将逐步凸显。同时，小城镇更有条件成为消除农民进城后顾之忧，探索户籍管理制度创新、农村产权制度改革和土地制度改革创新的试验田和桥头堡。

表 1-1　2010 年、2015 年和 2020 年全国县城、镇区人口情况

区域	年份	个数/个	常住人口/万人	平均人口/万人	占总城镇人口比重/%	建成区面积/平方千米	建成区常住人口密度/（人/平方千米）
县城	2010	1633	13873	8.50	19.8	16585.0	8365
	2015	1568	15615	9.96	19.3	20043.0	7791
	2020	1495	15846	10.60	18.0	20867.1	7594
建制镇	2010	16774	16578	0.99	23.7	31790.0	5215
	2015	17848	19142	1.07	23.7	39080.0	4898
	2020	18822	18433	0.98	20.9	43385.0	4249

注：根据“六普”“七普”主要数据计算整理。其中小城镇数量数据与国家统计局发布数据略有不同。

（二）小城镇仍将是我国新型城镇化的重要载体

党的十九大报告提出，“以城市群为主体构建大中小城市和小城镇协调发展的城镇格局”，进一步明确了小城镇在我国城镇化发展中的地位和作用。从国际经验来看，在城镇化进入稳定时期后，中小城市依然要承载相当比例的城镇化人口。以德国为例，总人口的 65.37%居住在人口 20 万人以下的小城市，43.96%居住在人口 5 万人以下的小城市，15%居住在人口 2 万人以下的小城市。在美国、日本等国家，有 1/3 甚至更大比例的富裕人群生活在人口 10 万人以下的小城镇。这也意味着，无论城镇化发展到哪个阶段，小城镇都将在城镇化格局中占有一席之地，甚至是非常重要的城镇化人口承载空间。

第二节　小城镇发展总体情况

一、小城镇发展现状

小城镇在我国新型城镇化、乡村振兴等国家战略中发挥着重要作用，也是落实三个“1 亿人”（到 2020 年，促进约 1 亿农业转移人口落户

城镇，改造约 1 亿人居住的城镇棚户区和城中村，引导约 1 亿人在中西部地区就近城镇化）、实现就地就近城镇化的重要载体。近年来我国小城镇发展平稳（见图 1-2），全国有 20%左右的小城镇在经济和人口聚集等方面的能力较强，发展势头较为迅猛；而余下 80%左右的小城镇发展较为平缓，在经济和城镇人口集聚方面的作用相对有限。

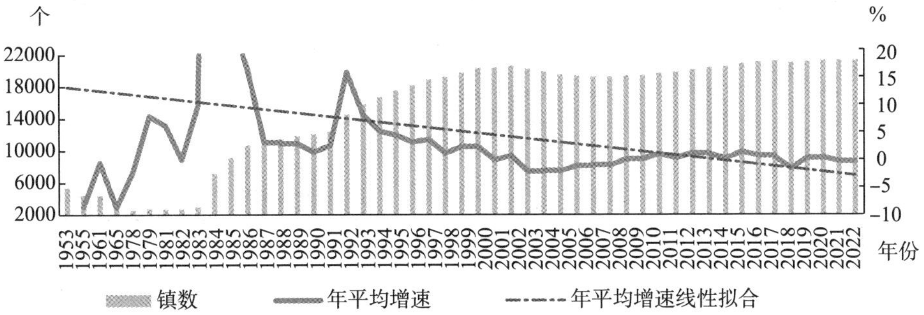

图 1-2　1953—2022 年我国小城镇发展情况

资料来源：国家统计局。

（一）人口规模

小城镇建成区常住人口稳定增长，与城市、县城相比，集聚人口的能力稳步上升，是实现人口就地就近城镇化的重要载体。截至 2020 年底，全国 21322 个小城镇中，有 15879 个小城镇人口不足 5 万人，5443 个小城镇人口规模超过 5 万人，661 个小城镇人口规模超过 10 万人，4 个小城镇人口规模超过 30 万人。其中，10 万人以上的小城镇，85%以上分布在中部。从总体情况来看，我国规模较大的小城镇在发展速度、城镇化推动能力等方面已全面超越同等规模的城市和县城。从整个小城镇内部来看，我国小城镇发展已明显分化成两部分：一是现有人口规模较小的小城镇（占 75%以上），未来将更多承担面向周围农村地区提供基本服务的职能；二是现有人口规模较大的小城镇，未来将更多承担带动区域整体发展的职能（见表 1-2）。

表 1-2 2020 年全国小城镇户籍人口分布情况

小城镇户籍人口/人	小城镇数量/个	占比/%	小城镇户籍人口数/人	人口占比/%
>30 万	4	0.02	1382672	0.17
20 万~30 万	17	0.08	4044357	0.49
10 万~20 万	640	3.00	80490693	9.83
5 万~10 万	4782	22.43	318640006	38.92
3 万~5 万	6187	29.02	241438032	29.49
2 万~3 万	4294	20.14	107014787	13.07
1 万~2 万	3759	17.63	57659295	7.04
<1 万	1639	7.69	8016036	0.98
总计	21322	100.00	818685878	100.00

资料来源：2021 年《中国城乡建设统计年鉴》。

（二）镇区面积

镇的行政区域面积，即镇区面积，包括城关镇镇区及其辐射的其他镇和乡村的面积，约占国土面积的 50%。近年来，我国建制镇建成区面积增长迅速，且与城市建成区面积受到空间集聚不可过度蔓延的控制而逐渐达到临界值相比，小城镇拥有更广阔的空间扩张容量。1990—2021 年，我国建制镇建成区面积增长了 4.26 倍，高于同时期全国城市建成区面积增速（3.86 倍）（见表 1-3），表明小城镇同步参与了我国规模宏大的城镇化进程。

表 1-3 1990—2021 年全国城市、建制镇数量、面积、人口情况

年份	全国城市			全国建制镇		
	城市个数/个	建成区面积/万公顷	城区人口/亿人	建制镇个数/万个	建成区面积/万公顷	建成区户籍人口/亿人
1990	467	128.56	3.25	1.01	82.5	0.61
1991	479	140.11	2.96	1.03	87.0	0.66
1992	517	149.59	3.07	1.20	97.5	0.72

续表

年份	全国城市			全国建制镇		
	城市个数/个	建成区面积/万公顷	城区人口/亿人	建制镇个数/万个	建成区面积/万公顷	建成区户籍人口/亿人
1993	570	165.88	3.38	1.29	111.9	0.79
1994	622	179.40	3.58	1.43	118.8	0.87
1995	640	192.64	3.78	1.50	138.6	0.93
1996	666	202.14	3.62	1.58	143.7	0.99
1997	668	207.91	3.68	1.65	155.3	1.04
1998	668	213.80	3.74	1.70	163.0	1.09
1999	667	215.25	3.76	1.73	167.5	1.16
2000	663	224.39	3.88	1.79	182.0	1.23
2001	662	240.27	3.57	1.81	197.2	1.30
2002	660	259.73	3.52	1.84	203.2	1.37
2003	660	283.08	3.38	—	—	—
2004	661	304.06	3.41	1.78	223.6	1.43
2005	661	325.21	3.59	1.77	236.9	1.48
2006	656	336.60	3.33	1.77	312.0	1.40
2007	655	354.70	3.36	1.67	284.3	1.31
2008	655	362.95	3.35	1.70	301.6	1.38
2009	654	381.07	3.41	1.69	313.1	1.38
2010	657	400.58	3.54	1.68	317.9	1.39
2011	657	436.03	3.54	1.71	338.6	1.44
2012	657	455.66	3.70	1.72	371.4	1.48
2013	658	478.55	3.77	1.74	369.0	1.52
2014	653	497.73	3.86	1.77	379.5	1.56
2015	656	521.02	3.94	1.78	390.8	1.60
2016	657	543.32	4.03	1.81	397.0	1.62
2017	661	562.25	4.10	1.81	392.6	1.55
2018	673	584.56	4.27	1.83	405.3	1.61

续表

年份	全国城市			全国建制镇		
	城市个数/个	建成区面积/万公顷	城区人口/亿人	建制镇个数/万个	建成区面积/万公顷	建成区户籍人口/亿人
2019	679	603.13	4.35	1.87	422.9	1.65
2020	687	607.21	4.43	1.88	433.9	1.66
2021	692	624.21	4.57	1.91	433.6	1.66

资料来源：2021 年《中国城乡建设统计年鉴》。

（三）经济规模

根据 2016 年住建部对全国 121 个小城镇的调查结果，2015 年小城镇生产总值平均值约为 14 亿元，人均生产总值约为 3.4 万元。仅有 6%的小城镇生产总值在 40 亿元以上，经济规模在 20 亿~40 亿元的小城镇占 11%，经济规模在 10 亿~20 亿元的小城镇占 29%，经济规模在 5 亿~10 亿元的小城镇占 17%，仍有 37%的小城镇经济规模在 5 亿元以下。按照主导产业与功能类型，可以将小城镇划分为商贸流通型、工业发展型、农业服务型和旅游发展型，其中以第二、第三产业为主导的商贸流通型、工业发展型和旅游发展型小城镇的平均经济规模在 22 亿~27 亿元，而农业服务型小城镇的平均经济规模则仅有 10 亿元左右。在小城镇对区域经济增长的贡献率上，小城镇生产总值的年均增速从“十一五”时期高于所在区县、地级市和全国 5~8 个百分点，到“十二五”时期仅领先所在区域 1 个百分点，小城镇的经济增长优势逐渐消失。2013—2016 年，小城镇对区域经济增长的贡献率稳定在 23%~25%。小城镇由于经济规模总体上仍然较小，对区域经济增长的贡献率依然有限。

（四）服务功能

本地的资源禀赋和地方政府的发展战略共同决定了小城镇的主导产业和功能类型，不同功能类型的小城镇经济发展规模差异明显。农业服务型小城镇约占总量的38%，数量最多，经济规模较小，产业结构以农业为主导，服务和辐射周边区域的能力最小，对外来人口的吸纳能力最弱，对本镇农村人口的吸引力不足。商贸流通型小城镇约占15%，商业服务业发达，店铺数量最多，生活便利，对本镇农村家庭的吸引力较大，服务周边区域能力较强。工业发展型小城镇约占22%，第二产业占据绝对主导地位，工业仓储用地面积较大，对外来和周边人口的吸引能力最强。旅游发展型小城镇约占25%，以旅游服务业为主导产业，第三产业占比最高，近年来发展活力较强，新增注册公司数量居四类小城镇之首。

（五）设施配套

建制镇的基本公共服务设施配套水平仍然低于全国、省内平均水平。例如，2016年，在公共服务领域，医疗服务方面，全国镇平均每千人医生数为1.61人，仅为全国城乡平均水平4.58人的35.15%；养老服务方面，全国每千老年人口养老床位数为21.48个，而镇每千老年人口养老床位数仅有1.26个，为全国平均水平的5.87%。小城镇的公共服务设施配套水平仍有很大提升空间，亟须加大小城镇的配套基础设施建设力度。

（六）财政收入

小城镇财政收入能力整体不强，小城镇间差距较大。2016年，公共财政收入超过1亿元的小城镇共有1976个，约占小城镇总数的10%，产生的公共财政收入合计达到1.03万亿元，约占全国小城镇财政收入的66.9%，占全国财政收入的14.9%。与56.48%的总人口占比和32.08%的城镇人口占比相比，约90%的小城镇公共财政收入不足1亿元（甚至不足5000万元），仅占全国财政收入的33%。从平均水平来看，2013年，小城镇的人均财政收入只有1341元，仅相当于全国平均水平的29.4%。2018年，我国小城镇财政总支出为8218.5亿元，财政支出占财政总收入（1.03万亿元）的79.8%；而同年地级市市辖区财政支出是其收入的1.25倍，县和县级市的财政支出分别是财政收入的2.8倍和1.6倍。

二、小城镇发展历程

总体上，我国小城镇建设发展还没有形成完整的支持政策。由于小城镇分类尚未形成科学体系，国家相关部委制定的支持小城镇发展的政策是面向全国的，很难准确结合不同类型、不同区域、不同发展阶段的小城镇的具体情况。各地政府在制定小城镇发展政策时，虽然比较容易做到因地制宜，但由于对小城镇发展的认识水平参差不齐，也导致一些政策脱离了小城镇发展实际，在实施过程中难以达到预期成效。

（一）第一阶段：1978—2000年

该时期主要是优先发展小城镇，带动农村经济社会发展。

1978—2000年，优先发展小城镇成为城镇化政策的重点发展方向，党中央把“控制大城市规模，多搞小城镇”作为改革开放后一段时期城镇化政策的目标。

党的十一届三中全会以来，一方面为了预防交通拥挤、环境恶化、人口膨胀等“大城市病”，另一方面由于大城市基础设施建设严重不足，农村人口数量众多，城乡二元结构明显，需要通过发展小城镇来转移农村剩余劳动力。因此，我国提出着重发展小城镇①。同时，这一时期发展小城镇具备3个历史条件：一是乡镇企业的异军突起给小城镇发展提供了物质保证；二是农村经济体制的改革为城镇化建设奠定了良好基础；三是农业产业的规模化经营为小城镇发展提供了条件。因此，在改革开放初期，小城镇萧条的景象就已得到国家关注，国家着手恢复小城镇。

党的十一届四中全会上，党中央第一次正式提出了“农村城镇化”的概念，并且“肯定了建设小城镇在推进国家现代化进程，缩减城市和乡村

---

① 中共中央文献研究室．十一届三中全会以来重要文献选编（下）［M］．北京：人民出版社，1982：434.

发展过程中差距的重要作用”①。1980 年，在全国城市规划工作会议上，党中央提出“控制大城市规模，合理发展中等城市”，积极发展小城市。1984—1993 年，国家陆续出台了支持乡镇企业发展，允许务工、经商、办服务业的农民自带口粮在城镇落户，以及鼓励农民进入集镇落户等一系列有利于小城镇发展、壮大的政策②。

1998 年 10 月，党的十五届三中全会提出，“发展小城镇，是带动农村经济和社会发展的一个大战略”，小城镇建设的重要意义得到空前的关注，进一步明确了小城镇在国家战略中的定位和发展方向。小城镇也获得了一个千载难逢的大发展契机（见图 1-3）。

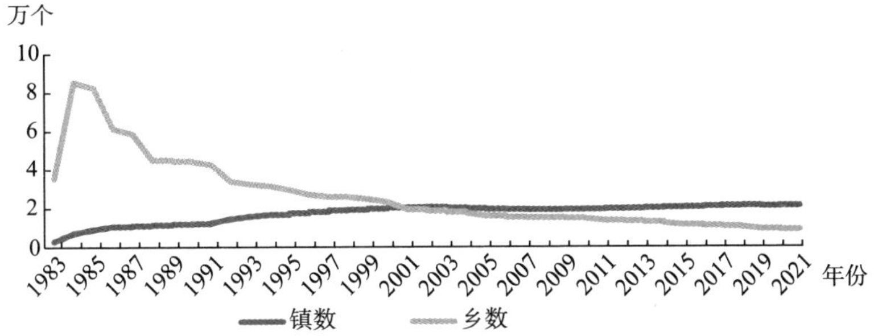

图 1-3　1983—2021 年我国乡镇数量变化

（二）第二阶段：2001—2006 年

该时期主要是发挥大城市和区域中心城市作用，推进城市和小城镇协调发展。

20 世纪 90 年代至 21 世纪初期，随着沿海城市的发展以及对劳动力需求的日益增加，中国流动人口数量急剧上涨，2000 年，流动人口总量超过 1 亿人。我国正经历快速城镇化时期。

但进入 21 世纪，乡镇企业发展的浪潮逐渐衰退，加之小城镇建设发展

---

① 彭震伟．小城镇发展作用演变的回顾及展望［J］．小城镇建设，2018，36（9）：16-17.

② 陈鹏．改革开放四十年来我国城镇化道路的探索和完善［J］．广东行政学院学报，2018，30（5）：15-21.

滞后，承载力明显不足，大量农村剩余劳动力开始向城市尤其是大城市、特大城市转移，小城镇在城镇化进程中的角色出现转变。2001年发布的《中华人民共和国国民经济与社会发展第十个五年计划纲要》改变了以往重点发展小城镇的说法，提出“要在有重点地发展小城镇的同时，积极发展中小城市，完善区域中心城市功能，发挥大城市的辐射带动作用”①。2002年党的十六大提出，“要坚持大中小城市和小城镇协调发展，走中国特色的城镇化道路”。2006年“十一五”规划提出，“坚持大中小城市和小城镇协调发展”。从这一时期开始，城镇化发展不再是小城镇的独角戏，而是强调更大范围内的统筹协调②。

这一时期小城镇仍对我国的城镇化建设和经济发展做出了重要贡献。2000—2005年，平均单个小城镇的乡镇企业从业人员达到了5444人，增幅达35%，明显高于同期全国非农就业11%的行内增长速度，表明小城镇在转移农村剩余劳动力、扩大非农就业上发挥了十分重要的作用。

（三）第三阶段：2007—2013年

该时期主要是合理构建城镇体系，形成以城市群为主体、城市和小城镇协调发展的城市格局。

这个阶段，全国范围的人口迁移流动持续拉动城镇化发展。2010年，全国人户分离人口达到2.6亿人，较2000年增长了81%。其中，跨省流动比例在2005年达到46%，而跨省流动人口70%以上来自乡村。京津冀、长三角、珠三角三大城市群成为我国经济最发达和竞争力最强的区域，并不断吸引全国人口在此集聚。2010年，三大城市群人口占全国总人口的18%，较2000年增加了近3个百分点。同时，区域中心城市、省会城市等百万人口以上的大城市、特大城市和超大城市，吸纳了最主要的城镇

① 王素斋．科学发展观视域下中国新型城镇化发展模式研究［D］．天津：南开大学，2014.

② 方创琳．中国城市发展方针的演变调整与城市规模新格局［J］．地理研究，2014，33（4）：674-686.

化人口。适应中国特色城镇化道路的城市格局亟待形成。

作为我国城乡规划的纲领性文件，2005 年编制完成的《全国城镇体系规划（2006—2020 年）》被用于指导省域城镇体系规划、城市总体规划。2007 年党的十七大指出，“走中国特色城镇化道路，按照统筹城乡、布局合理、节约土地、功能完善、以大带小的原则，促进大中小城市和小城镇协调发展……以特大城市为依托，形成辐射作用大的城市群”①；2011 年“十二五”规划提出，“以大城市为依托，以中小城市为重点，逐步形成辐射作用大的城市群，促进大中小城市和小城镇协调发展”；2012 年党的十八大指出，“科学规划城市群规模和布局，增强中小城市和小城镇产业发展、公共服务、吸纳就业、人口聚集功能”②。

（四）第四阶段：2014 年至今

该时期主要是推动城乡融合，推动新型城镇化高质量发展。

随着城镇化进程进一步深入，全国超过 50% 的人口已常住于城镇地区，全国流动人口规模趋于稳定。特别是 2015 年以来，流动人口规模呈逐年下降趋势。与此同时，我国进入城市问题多发期。2014 年，全国城镇化率接近 55%，但户籍人口城镇化率仅有 30% 多。进入城镇的农民得不到保障，城乡矛盾得不到调整，城乡差距持续扩大。交通拥堵、环境污染、征地纠纷、入学难、看病难等城市建设和发展问题多发，缺乏有效治理手段，原有的城镇化政策应对不足，新型城镇化政策亟待完善。城镇化由规模扩张进入以提升质量为主的转型发展新阶段。

2014 年，《国家新型城镇化规划（2014—2020 年）》公布了第一批新型城镇化综合试点名单。新型城镇化以人的城镇化为核心，关注点从过去的人口城镇化转变为人口市民化。2015 年以来，习近平总书记针对小城镇、

---

① 邓元慧，欧国立，邢虎松．城市群形成与演化：基于演化经济地理学的分析［J］．科技进步与对策，2015，32（6）：45-50.

② 邵高峰．我国特色小镇建设概述［J］．建设科技，2018（2）：19-21.

特色小镇发表过一系列重要讲话，指出小城镇建设对经济转型升级和新型城镇化建设具有重要意义，特别强调小城镇在城乡融合发展中占据重要地位、发挥重要作用。2016 年“十三五”规划提出，加快发展中小城市和特色镇，“引导产业项目在中小城市和县城布局，推动优质教育、医疗等公共服务资源向中小城市和小城镇配置……加快拓展特大镇功能……因地制宜发展特色鲜明、产城融合、充满魅力的小城镇”。同年，住建部联合国家发展改革委、财政部等部门印发《关于开展特色小镇培育工作的通知》，并于 2017 年、2018 年公布两批特色小城镇名单①。2017 年党的十九大提出以城市群为主体构建大中小城市和小城镇协调发展的城镇格局，加快农业转移人口市民化。2020 年，李克强在政府工作报告中提出，“深入推进新型城镇化，发挥中心城市和城市群综合带动作用”，“加强新型城镇化建设，大力提升县城公共设施和服务能力，以适应农民日益增加的到县城就业安家需求”②。

表 1-4 各时期小城镇政策变化趋势

阶段	总体方针	政策指引	政策演变与差异
1978—2000 年	控制大城市，发展小城镇	放宽建制镇的设立标准，重点发展经济	积极发展，提升小城镇数量和规模
2001—2006 年	推进城市和小城镇协调发展	有重点地发展小城镇，公布二批发展改革试点镇	小城镇发展有所侧重，分类思想初步形成
2007—2013 年	推进城市群、城市和小城镇协调发展	增强小城镇产业发展、公共服务、吸纳就业、人口聚集功能	建设重点更加突出，提升小城镇发展质量
2014 年至今	城乡融合，有重点地发展小城镇	发展重点镇、特色镇，注重小城镇环境提升	提升小城镇发展质量，推动小城镇特色化发展

① 林小昭．新型城镇化再强调：发挥中心城市和城市群的综合带动作用［EB/OL］．搜狐网．［2020-05-25］．https：//www. sohu. com/a/397479196_ 120649134.

② 陈立平．温州龙港昨日撤镇设市 成全国唯一不设乡镇、街道县级市［EB/OL］．杭州网．［2019-08-31］．https：//news. hangzhou. com. cn/zjnews/content/2019-08/31/content_ 7257595. htm.

在城乡融合发展时期，按照新型城镇化建设的理念，各部委和地方政府为推进小城镇建设发展做了大量努力。按照有重点、有特色发展的原则，住房城乡建设部会同有关部门确定了3675个全国重点镇、252个中国历史文化名镇、338个国家特色景观旅游名镇和一批美丽宜居小镇示范。“十二五”期间，中央财政支持602个重点流域重点镇建设了1.1万千米污水管网，支持开展绿色低碳小城镇试点和建制镇试点示范，对历史文化名镇保护也给予了一定补助。浙江、陕西、山东、四川、贵州等地以中心镇、特色镇为重点，出台了资金、土地、税收、保障房等政策。例如，山东省每年安排不少于5000亩土地指标、10亿元专项资金支持200个示范镇建设，陕西省给予每个重点示范镇1000万元以上的专项资金和1000亩用地指标。在政策支持下，小城镇面貌一新，具备了发展能力，一些镇成为当地新的经济增长点。这些举措也标志着小城镇进入了有重点、有特色的发展阶段。

三、小城镇发展政策演变

（一）国家层面有关政策

20世纪80年代前后，在国家战略层面上，作为“城市之末，农村之首”的小城镇发展逐渐引起政府治理的关注。

1984年，国务院颁布《关于调整建制镇标准的报告》，指出小城镇应成为农村发展工副业、学习科学文化和开展文化娱乐活动的基地，逐步发展成为农村区域性的经济文化中心。温州龙港镇实现了“中国农民城”从无到有，催生了户籍制度、土地有偿使用、发展个体私营三大改革。小城镇正式走上历史舞台。

1993年，国务院发布《村庄和集镇规划建设管理条例》，明确集镇是指乡、民族乡人民政府所在地和经县级人民政府确认由集市发展而成的作为农村一定区域经济、文化和生活服务中心的非建制镇，实际上拓展了小城镇的范围。

1995 年，国家体改委确定 57 个改革试点小城镇。小城镇迎来发展的历史机遇。

1998 年，中央提出“小城镇，大战略”，政策转向小城镇建设与发展。由于城镇空间及规模结构不合理，小城镇面临严重困境，如数量多、规模小、服务功能弱、基础设施薄弱、承载能力低等。

2000 年，《中共中央 国务院关于促进小城镇健康发展的若干意见》发布，明确户籍管理制度改革、投资体制改革，加快农村经济建设和小城镇建设。

2004 年，国家发展改革委办公厅发布《关于开展全国小城镇发展改革试点工作的通知》，在全国开展小城镇发展改革试点工作，发掘出一批具有发展潜力、改革发展意识强、勇于探索和试验、不同类型的小城镇。

2008 年，第十届全国人大常委会出台《中华人民共和国城市规划法》(该法现已废止)，城乡统一规划跃然纸上，城乡统筹迈出了第一步。小城镇缺乏可操作、符合当地特色的规划的局面得到及时纠正。

2012 年，党的十八大提出通过新型城镇化拉动内需。小城镇转向城镇化，通过减少农民、富裕农民，解决“三农”问题，实现农村改革，小城镇的积极作用在中央层面得到肯定。

2014 年 3 月，中共中央、国务院印发《国家新型城镇化规划（2014—2020 年)》，明确指出紧紧围绕全面提高城镇化质量，加快转变城镇化发展方式，以人的城镇化为核心，有序推进农业转移人口市民化；以城市群为主体形态，推动大中小城市和小城镇协调发展；以综合承载能力为支撑，提升城市可持续发展水平。

2014 年，特色小镇开始出现。浙江创新性打造了云栖特色小镇，实现了集产业定位、文化内涵、旅游资源、社区功能于一体的小镇建设。随后特色小镇的培育工作如火如荼，小城镇建设从数量扩张转向质量提升。

2016年，国务院发布《全国农业现代化规划（2016—2020年）》，积极发展小城镇，加快农业转移人口市民化进程，为发展多种形式适度规模经营、提高农业质量效益、实现农业现代化创造条件。

2019年4月，中共中央、国务院印发了《关于建立健全城乡融合发展体制机制和政策体系的意见》，以协调推进乡村振兴战略和新型城镇化战略为抓手，推进城乡要素双向流动和公共资源合理配置，重塑新型工农城乡关系。小城镇迎来历史发展机遇。

2020年5月，国家发展改革委印发《关于加快开展县城城镇化补短板强弱项工作的通知》，强调县城是我国推进工业化城镇化的重要空间、城镇体系的重要一环、城乡融合发展的关键纽带。

2022年7月，中共中央办公厅、国务院办公厅印发了《关于推进以县城为重要载体的城镇化建设的意见》，更加明显地强化和凸显县城的重要地位，对小城镇的发展起到积极重要的促进作用。

2023年2月，中共中央、国务院发布《关于做好2023年全面推进乡村振兴重点工作的意见》，“县域”一词出现了13次，对规划、产业、公共服务、基础设施等方面做了较为具体的安排，大力支持县域经济的发展，引领小城镇的发展。

（二）重点区域小城镇发展政策

京津冀地区、长三角地区、粤港澳大湾区、成渝地区等重点区域颁布了一系列小城镇发展政策。

1. 京津冀地区

京津冀地区提出构建“四级联动城乡体系”，推进特色小城镇建设。《北京市通州区与河北省三河、大厂、香河三县市协同发展规划》提出，构建“城市副中心—发展组团—特色小城镇（新市镇）—美丽乡村”四级联动城乡体系；推进特色小城镇建设，塑造风貌特色，完善街道空间，建设若干特色产业小城镇，补齐基础教育设施短板，合理控制居住空间规模，利用一体化设施及湿地系统，分散处理生活污水。

2. 长三角地区

长三角地区聚焦城乡基础设施联通水平，全面放开建制镇落户限制。《长江三角洲区域一体化发展规划纲要》提出，提高城乡基础设施联通水平，形成联通中心城市、县城、中心镇、中心村的基础设施网络；全面放开Ⅱ型大城市、中小城市及建制镇的落户限制，有序推动农村人口向条件较好、发展空间较大的城镇、特色小镇和中心村相对集中居住和创业发展。

3. 粤港澳大湾区

广东推出“2511”试点，培育一批魅力城镇，建设智慧小镇。《广东省新型城镇化“2511”试点方案》涵盖市民化工作、优化城镇结构、低碳生态发展、文化传承、制度创新等方面。推进市民化工作，推行户籍改革、成本分担机制、城乡公共服务和保障一体化；促进产城融合，依托县城镇和中心镇建设卫星城，引导小城镇专业化、集约化、特色化发展，探索大镇设市；转变发展方式，促进低碳生态发展、生态资源保护修复，推动城镇可持续发展；推动文化传承、历史文化名城名镇名村保护监管、岭南特色街区复兴、文化空间营造，重塑地域特征；推动制度创新，创新投融资模式，创新城乡规划编制实施，改革土地管理体制，促进空间开发权转移，改革城市治理体制。《粤港澳大湾区发展规划纲要》提出，培育一批具有特色优势的魅力城镇，完善市政基础设施和公共服务设施，发展特色产业，传承传统文化，形成优化区域发展格局的重要支撑；建设智慧小镇，开展智能技术应用试验，推动体制机制创新，探索未来城市发展模式。

4. 成渝地区

分类发展小城镇，做实配套设施、做深产业发展、创新发展理念。《成渝城市群发展规划》提出，位于都市圈范围内的重点镇，要加强与周边城市的统筹规划、功能配套，有效分担城市功能；具有特色资源、区位优势的小城镇，要通过规划引导、市场运作，培育成为文化旅游、商贸物流、资源加工、交通枢纽等专业特色镇；其他一般小城镇，要完善基础设施和公共服务，发展成为服务农村、带动周边的综合性小城镇。四川省《关于深化拓展“百镇建设行动”培育创建特色镇的意见》提出，做实配套设施方面，到2020年，完成1000亿元左右公共设施投资，提升试点镇综合承载能力；以道路建设为重点，加强市政基础设施建设；以山水田林本底为基础，加快推进生态基础设施建设。做深产业发展方面，到2020年，完成2000亿元左右的产业投资，实现特色产业立镇强镇富镇；采用“3+N”的发展模式（以特色工业、商贸物流、旅游休闲镇为基础，积极发展生态宜居、现代农业等新型产业镇），深入推进产镇融合发展，促进宜业宜商宜居环境建设。创新发展理念方面，探索城管综合执法向试点镇延伸；将行政许可和政务服务事项向便民服务中心集中，实行开放式办公、一站式服务；加快建立城乡统筹的就业制度和社会保障制度，完善城乡社区治理机制，加强城乡社区党组织建设。

第三节　小城镇发展取得的主要成就

改革开放以来，尤其是党的十八大以来，我国小城镇的建设规模、人口和就业吸纳规模、公用设施配套水平、生态环境建设等各个方面都取得了长足进步，小城镇在我国区域协调发展、新型城镇化、乡村振兴和城乡融合等国家战略中发挥着越来越重要的作用。

表 1-5　新中国成立以来我国小城镇数量变化情况　　单位：个

年份	镇数	年份	镇数	年份	镇数
1949	>2000	1990	12084	2008	19234
1953	5402	1991	12455	2009	19322
1955	4487	1992	14539	2010	19410
1958	3621	1993	15805	2011	19683
1961	4429	1994	16702	2012	19811
1964	3148	1995	17532	2013	20117
1965	2902	1996	18171	2014	20401
1978	2173	1997	18925	2015	20515
1979	2361	1998	19216	2016	20883
1981	2678	1999	19756	2017	21116
1982	2687	2000	20312	2018	21297
1983	2968	2001	20374	2019	21013
1984	7186	2002	20601	2020	21157
1985	9140	2003	20226	2021	21322
1986	10718	2004	19883	2022	21322
1987	11103	2005	19522	2023	21397
1988	11481	2006	19369		
1989	11873	2007	19249		

注：根据住建部统计数据等整理。因统计口径问题，表中部分数据与国家统计局发布数据有所不同。2023 年数据为截至 2023 年 3 月的数据。

一、镇区建成区平均规模显著增加

（一）小城镇建成区面积

全国建制镇（城关镇除外）镇区总面积由 1990 年的 82.5 万公顷扩大到 2020 年的 433.9 万公顷（见图 1-4），是 1990 年的 5.26 倍，年平均增长率为 5.69%。建制镇镇区平均面积由 1990 年的 0.818 平方千米，增加到 2020 年的 2.31 平方千米，是 1990 年的 2.82 倍。

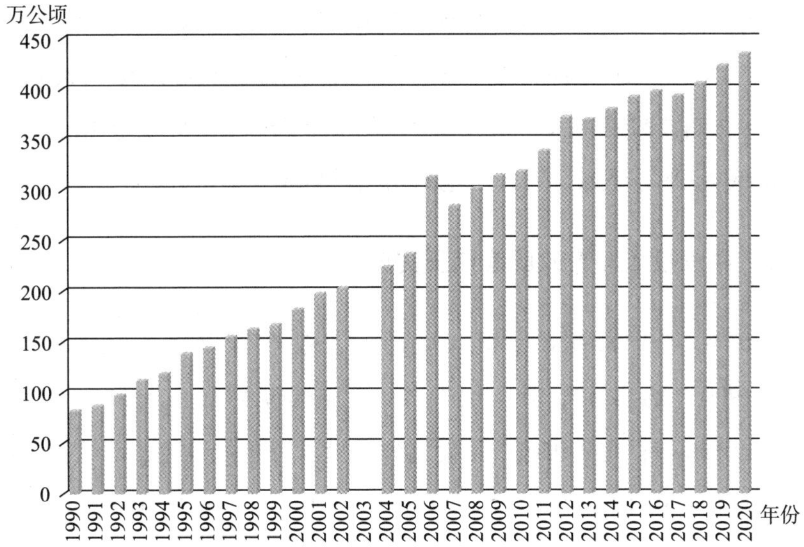

图 1-4　1990—2020 年全国建制镇建成区面积变化

（二）小城镇人口规模

全国建制镇（城关镇除外）镇区户籍总人口由 1990 年的 0.61 亿人增加到 2020 年的 1.66 亿人（见图 1-5），与 1990 年相比增加了 1.72 倍。建制镇镇区平均人口规模由 1990 年的 6038 人，增加到 2018 年的 8829 人，增加了 46.22%。

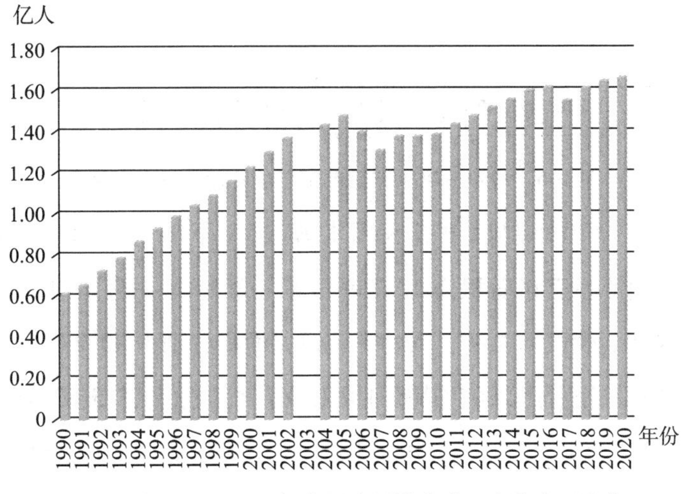

图 1-5　1990—2020 年全国建制镇建成区户籍人口变化

全国建成区总面积和人口总规模变化的比较分析表明，20 世纪 90 年代以来，全国小城镇建成区面积扩张的速度远超人口集聚的速度。例如，全国建制镇的镇区人口密度由 1990 年的 7400 人/平方千米降至 2020 年的 3825 人/平方千米，镇区土地利用相对粗放。

二、建设投入和市政配套明显提升

2020 年，全国建制镇镇区年度建设总投入为 9678 亿元（见图 1-6），是 1990 年的 62 倍，其中用于市政设施建设的投入为 2048 亿元，是 1990 年的 136 倍；用于市政公用设施建设投入资金占年度建设总投入的比重，由 1990 年的 19. 18%增加到 2018 年的 21. 16%。全国建制镇镇区建设投资结构不断优化，有效改善了镇区市政公用设施配套水平。

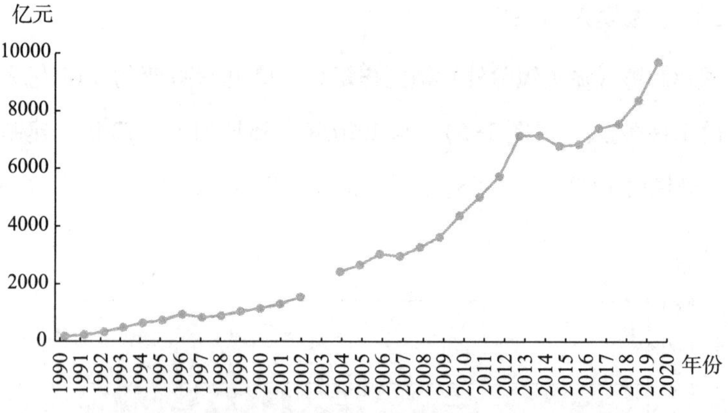

图 1-6　1990—2020 年建制镇年度建设总投入变化

2007 年，全国建制镇建成区用水普及率为 76. 6%、燃气普及率为 43. 1%、人均铺装道路面积为 10. 7 平方米；2021 年，全国建制镇建成区的供水普及率、燃气普及率、人均铺装道路面积分别为 90. 27%、58. 93%、16. 44 平方米，分别比 2007 年增加了 13. 67 个百分点、15. 83 个百分点和 53. 64%；但与 2018 年全国县城的供水普及率（93. 80%）、燃气普及率（83. 85%）、人均铺装道路面积（17. 73 平方米），以及全国城市的供水普及率（98.36%）、燃气普及率（96.70%）、人均铺装道路面积（16.70 平方米）的平均水平相比，仍有较大提升空间。

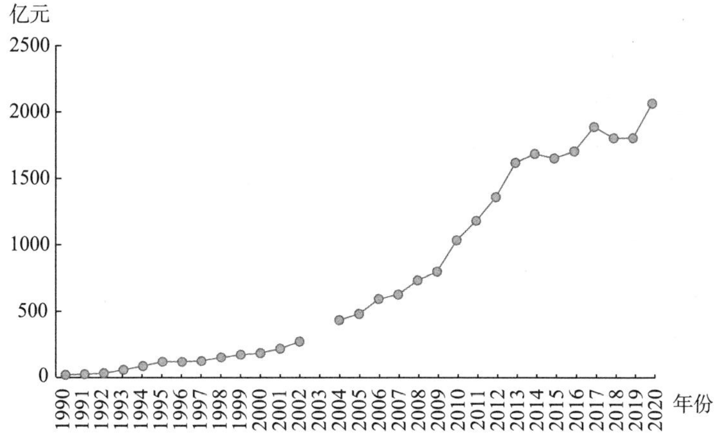

图 1-7　1990—2020 年建制镇市政公用设施建设投入

三、生态环境建设取得显著成效

（一）公园绿地面积和人均公园绿地面积

全国建制镇镇区公园绿地总面积由 1990 年的 0.8537 万公顷增加到 2020 年的 5.01 万公顷，人均公园绿地面积由 1990 年的 1.4 平方米增加到 2020 年的 2.7 平方米，分别为 1990 年的 5.87 倍和 1.93 倍。但与 2020 年全国县城人均公园绿地面积 13.44 平方米、城市人均公园绿地面积 14.78 平方米相比，建制镇还存在较大差距。

（二）污水处理率、生活垃圾处理率、生活垃圾无害化处理率

2021 年，全国建制镇镇区污水处理率、生活垃圾处理率、生活垃圾无害化处理率分别为 61.95%、90.12%、75.85%。相比 2015 年，建制镇镇区的污水、垃圾处理等指标被纳入正式统计，体现出对生态环境建设工作的重视程度明显提升。

2020 年，全国县城、城市的污水处理率分别为 95.05%、97.53%。全

国建制镇镇区的环境治理水平远低于县城和城市。

四、重点地区小城镇发展较快

（一）建制镇人口密度

经济发展水平相对较高的长三角、珠三角、京津冀地区，建制镇发展整体水平较高。人口聚集程度上，2021 年，京津冀地区建制镇人口密度为每平方千米 4008 人，长三角地区为每平方千米 4985 人，珠三角地区为每平方千米 4642 人，成渝地区为每平方千米 5107 人；除京津冀外，都高于全国建制镇每平方千米 4254 人的平均水平（见图 1-8）。

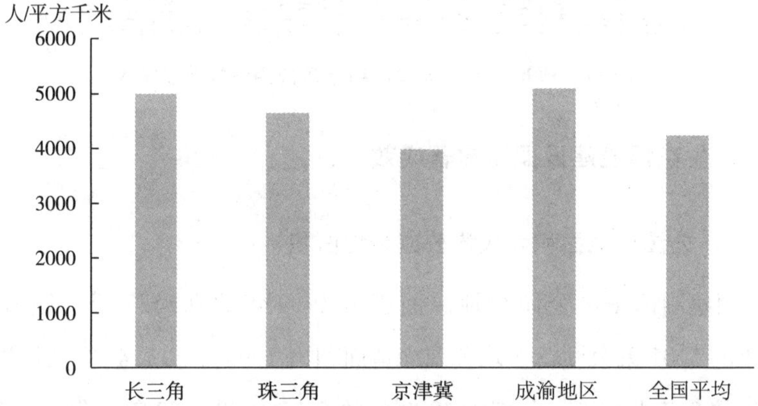

图 1-8　2021 年重点地区建制镇人口密度

资料来源：2022 年《中国城乡建设统计年鉴》。

（二）市政设施配套水平

2021 年，供水、燃气、污水和生活垃圾处理等市政配套方面，我国小城镇均取得不俗的成绩。供水方面，长三角、珠三角、京津冀、成渝地区供水普及率平均水平分别为 91.75%、94.59%、92.35%、92.64%，都高于 90.27%的全国建制镇平均水平。燃气方面，长三角、珠三角、京津冀、成渝地区燃气普及率平均水平分别为 70.83%、84.98%、74.86%、

72.75%，都高于58.93%的全国建制镇平均水平。污水和生活垃圾处理方面，长三角、珠三角、京津冀、成渝地区的建制镇污水处理率、垃圾处理率都远高于全国建制镇平均水平。但在人均道路面积方面，长三角、珠三角、京津冀、成渝地区人均道路面积分别为16.35平方米、15.87平方米、13.10平方米、11.36平方米，都低于全国建制镇16.44平方米的平均水平（见图1-9）。

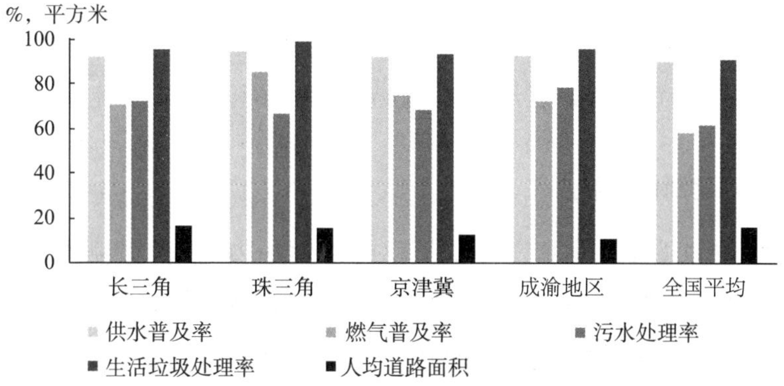

图1-9　2022年重点地区建制镇设施水平

资料来源：2022年《中国城乡建设统计年鉴》。

（三）建制镇人口规模

长三角、珠三角、京津冀、成渝地区建制镇数量占全国建制镇数量的近40%。从镇区户籍人口来看，2021年，长三角、珠三角、京津冀、成渝地区镇区人口占全国建制镇镇区人口的36.78%，占比较2011年的42.76%略有下降。从上述地区建制镇建成区户籍人口绝对值上看，2011—2021年，由6139万人增至6783万人（见图1-10），增量不大。从镇域人口规模来看，长三角、珠三角、京津冀、成渝地区半数以上小城镇户籍人口在1万~5万人。2011—2021年，长三角、珠三角、京津冀5万人以下小城镇数量减少，成渝地区5万人以下小城镇数量增加。同期四个地区5万人以上小城镇数量均有所上升。

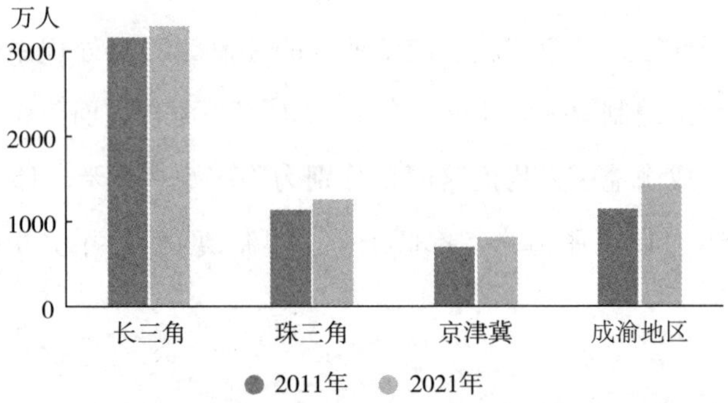

图 1-10　2011 年和 2021 年重点地区建制镇建成区户籍人口变化

资料来源：2012 年、2022 年《中国城乡建设统计年鉴》。

（四）建制镇发展水平

2007—2018 年，京津冀地区城市对人口吸引力最强，建制镇吸引力较弱。成渝地区和长三角地区城市和建制镇对人口吸引力都较大。珠三角地区城市对人口吸引力较大，但建制镇和乡村人口相对稳定。除珠三角地区外，各地区建制镇各产业增加值增速越高，建制镇人口增长率越高；京津冀、长三角建制镇发展，可能与限制超大城市发展政策有关。成渝地区生产总值增速最高，建制镇数量增长也最快（见表 1-6）。

表 1-6　2007—2018 年我国重点地区小城镇经济概况　　（%）

指标	京津冀	长三角	珠三角	成渝地区
地区生产总值增速	203	230	213	317
城镇人口增长率	104	38	34	50
乡村人口增长率	-18	-24	-5	-25
第一产业增加值增长率	80	116	126	131
第二产业增加值增长率	132	164	231	262
第三产业增加值增长率	288	331	542	466
建制镇数量增长率	2.45	-8.58	-2.46	17.41
建成区人口增长率	9.43	15.91	3.21	31.52

资料来源：2008—2019 年《中国城乡建设统计年鉴》。

第四节　小城镇面临的新挑战、新机遇和新使命

一、新时代小城镇面临的新挑战

（一）国内外环境发生复杂深刻的变化

当前，世界百年未有之大变局加速演进，新一轮科技革命和产业变革深入发展，国际力量对比深刻调整，我国发展面临新的战略机遇。同时，世纪疫情影响深远，逆全球化思潮抬头，单边主义、保护主义明显上升，世界经济复苏乏力，局部冲突和动荡频发，全球性问题加剧，世界进入新的动荡变革期。我国发展进入战略机遇和风险挑战并存、不确定难预料因素增多的时期，各种“黑天鹅”“灰犀牛”事件随时可能发生。我国小城镇可持续发展面临上述国际地缘政治、经济形势变化的多重挑战，我们必须始终保持清醒头脑，沉着应对各种风险挑战，准确识变、科学应变、主动求变，及时优化调整战略策略。

（二）避免出现“千镇一面”的现象

小城镇特色是小城镇的物质形态特征和社会文化特征的综合反映。一个有特色的小城镇不仅可以树立城镇形象，提升竞争优势，还体现了对原有环境及文化的尊重与保留，是一种可持续的发展方式。不同的小城镇，由于社会经济、地域文化和自然地理特征不同，各有不同特色。然而，在建设小城镇的过程中，可能会因为片面地强调经济发展以及追求建设规模，忽视城镇特色的保护与培育，使城镇特色不足，相似有余。面对现今发展小城镇的浪潮，如何在保证经济发展的同时保持小城镇的特色，是小城镇发展的一大挑战。

（三）特大镇和经济强镇面临制度瓶颈

改革开放以来，随着我国乡镇经济的快速发展，一批特色鲜明的特大镇逐渐形成。它们虽然是“镇级”行政体制，却常常拥有“县级”人口总量和“市级”经济体量，形成了独特的“特大镇现象”。这些特大镇综合实力突出，部分发展水平已经超过中等城市。然而，由于行政体制的束缚，这些特大镇几乎都在经历成长中的烦恼——“乡镇衣帽”使这些镇在用人、用钱、用地以及信贷规模、项目审批等方面的权限被极大压缩，用人权小、地权小、财权小、事权多等问题突出，严重束缚了特大镇发展的活力和潜力。

二、新时代小城镇面临的新机遇

（一）一系列国家战略陆续推出

党的二十大报告指出，高质量发展是全面建设社会主义现代化国家的首要任务。随着新型城镇化进程不断加快，乡村振兴战略和城乡融合发展进一步落实落地，城乡要素自由流动的壁垒逐渐破除，小城镇“连城带乡”的优势和地位更加凸显。随着农村消费能力的提升、消费环境的完善，农村消费潜力逐步激活，小城镇逐步成为夯实中国经济发展韧性的重要支撑和新发展格局中的重要一环。小城镇发展迎来历史性机遇。

（二）推进以县城为重要载体的城镇化建设

2023 年 5 月 17 日，习近平总书记在陕西省考察时强调，要积极推进以县城为重要载体的新型城镇化建设，提升县城市政公用设施建设水平和基础公共服务、产业配套功能，增强综合承载能力和治理能力，发挥县城对县域经济发展的辐射带动作用；因地制宜发展小城镇，促进特色小镇规范健康发展，构建以县城为枢纽、以小城镇为节点的县域经济体系。习近平总书记重要讲话精神，明确了县城和小城镇关系以及县城、小城镇和县域经济体系关系，为科学推进小城镇发展提供了根本遵循和行动指南。

（三）小城镇高质量发展已具备条件

一是交通便捷化。改革开放40多年来，我国高速公路、高速铁路、城际铁路、航空等多种交通方式都取得了前所未有的发展，大幅缩短了大中城市和小城镇之间的交通时距，使各种发展要素向小城镇集聚成为可能。二是汽车家庭化。随着我国经济的快速发展和人们收入水平的提高，私人汽车正在快速进入寻常百姓家庭。2019年，我国私人汽车保有量为22635万辆，按照同年城镇全部就业人口计算，平均约1.95个人就拥有一辆私人汽车。汽车家庭化极大方便了城市人口躲避城市喧嚣、亲近自然、亲近田园风光，并享受小城镇的低成本、高品质生活。三是时代信息化。随着5G时代的到来，各种智能化、信息化技术的开发、普及，将会给人们的工作方式、生活方式带来革命性变化。无论是身处大城市还是小城镇，一部手机、一台电脑，就能带来无差别的工作成效。小城镇有机会发挥城市无法比拟的生态环境优势、绿色发展优势、农业资源优势，成为大众创业万众创新的新平台。

三、新时代赋予小城镇的新使命

（一）区域协调发展需要激发小城镇活力

小城镇是城镇体系的基层节点，深入推进区域协调发展，要加强城市群内部小城镇与大中小城市的交通联系，一体化布局能源、电力、通信等基础设施，将小城镇纳入区域城镇体系网络化中，激活小城镇发展动能。

（二）乡村振兴和城乡融合发展需要小城镇的引领带动

应发挥小城镇的城乡纽带作用，优化小城镇产业和经济结构，承接城市产业转移，促进小城镇生产生活服务设施、环境卫生设施全覆盖，加快推进小城镇基础设施向农村延伸。将小城镇作为服务“三农”发展的重要载体、实现城乡共享发展的重要平台，以小城镇生产、生活、生态协调发展作为突破口，协同推进新型城镇化和乡村振兴战略。

（三）新型城镇化高质量发展需要小城镇作为载体

随着城市土地、劳动力等生产要素成本不断上升，部分城市劳动密集型产业开始向小城镇转移，同时，小城镇以较低的就业门槛和生活成本成为外来人口流入的主要方向。小城镇应更好地从产业、功能、设施、服务等方面做好承接流动人口的准备，大力消除影响城乡融合发展的体制机制障碍，深入推进农业转移人口市民化。

（四）构建新发展格局需小城镇发挥更大作用

在国际市场动能明显减弱、国内市场活力日益强劲的形势下，习近平总书记提出“逐步形成以国内大循环为主体、国内国际双循环相互促进的新发展格局”①。小城镇发展有利于促进区域协调发展，促进产业体系发展和产业链条延伸，推动农业转移人口市民化，促进基本公共服务均等化，将在构建新发展格局中发挥重大作用。

（五）扩大内需战略需激发小城镇潜力

习近平总书记强调“坚定实施扩大内需战略，维护经济发展和社会稳定大局”。小城镇发展能创造新需求、新业态、新岗位，有利于持续扩大境内需求、扩大最终消费，为广大县镇村居民消费升级创造条件。同时，小城镇建设有利于扩大有效投资，鼓励社会资本参与，让小城镇在国内大循环中发挥更大作用。

站在历史的高峰回望过去，我们能够清晰地找到前进的方向。进入21世纪后，我国城乡发生了翻天覆地的变化，社会经济发展的触角慢慢渗透

① 习近平看望参加政协会议的经济界委员［EB/OL］. 新华网.［2020-05-23］. http://jhsjk.people.cn/article/31720746.

进县域，改革开放的成果惠及每个乡村。国家统计局数据显示，我国社会固定资产投资额逐年递增，由 2000 年的 32917.70 亿元增至 2017 年的 461288.7 亿元，增长了 13 倍。同一时期，我国县域社会固定资产投资额由 10560.38 亿元增至 311499.97 亿元，增长了 28.50 倍，增幅是全国平均水平的 2 倍。在社会固定资产投资总额中，地级市以上大城市与县域的投资比例由 2000 年的 7∶3演进至 2017 年的 3∶7。由此可见，县域正在逐步成为我国投资的热土，成为工商资本的乐园。这也证明了我国经济发展的重心将逐步下沉至县域的论断是可靠的。

小城镇是县域经济发展的重心和支撑，是县域经济高质量发展的重要基石，我国小城镇将迎来发展的春天。新时代面临新挑战、新机遇，也承载着更为宏伟重大的新使命！

第二章　小城镇发展趋势、特征和突出问题

第一节　小城镇发展趋势与影响因素

一、不同区域小城镇发展趋势与影响因素

我国东中西部地区之间小城镇的总体数量差距不大，西部地区略多于东部和中部地区，但发展水平极不均衡。

（一）东部地区小城镇

东部地区的小城镇是我国小城镇队伍中的排头兵。东部地区自然条件较好，平原小城镇占总数的 49%（见图 2-1）。依托区位优势和人文基础，长三角和珠三角一带的小城镇诞生了大量乡镇集体企业和以家庭生产为起点的私营企业，经济社会快速发展，“珠三角模式”“苏南模式”“温州模式”等典型的小城镇发展模式在全国范围内均有一定的示范意义和带动作用。

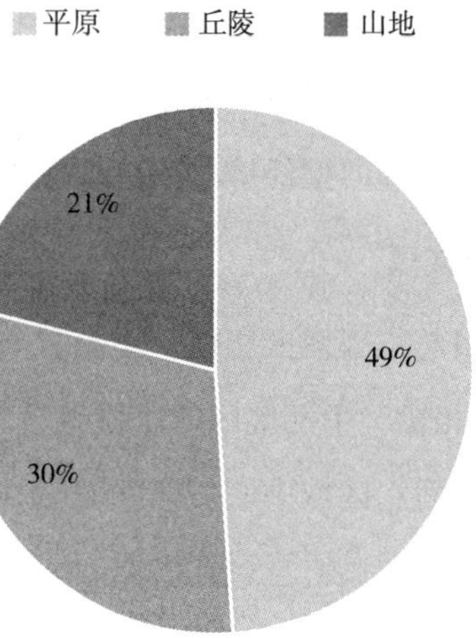

图 2-1　2020 年东部地区小城镇地形分布情况

资料来源：国家统计局。

部分东部地区小城镇人口规模不断扩大，经济实力甚至与中西部地区的中小城市相近。例如，浙江省温州市龙港镇，2018 年全镇地区生产总值达 299.5 亿元，常住人口达 38.2 万人，城镇和农村常住居民人均可支配收入分别为 54500 元、28302 元，远超全国平均水平。2019 年，龙港镇在全国范围内率先实现撤镇设市（见图 2-2）。

图 2-2　全国首个“镇改市”龙港市

目前，东部地区小城镇总体发展态势较好，但也面临资源约束不断强化、人地矛盾加深、产品低端以及“模糊产权”等历史遗留问题，正在提升产业附加值、加快发展外向型经济、改革政策等方面进行探索。

（二）中部地区小城镇

中部地区的小城镇与东部地区相似，主要分布在平原和丘陵地带（见图 2–3）。与东部地区相比，中部地区的小城镇自身工业基础比较薄弱，以农业为主，建设相对滞后；区域中心城市数量较少，对小城镇的辐射带动能力有限。

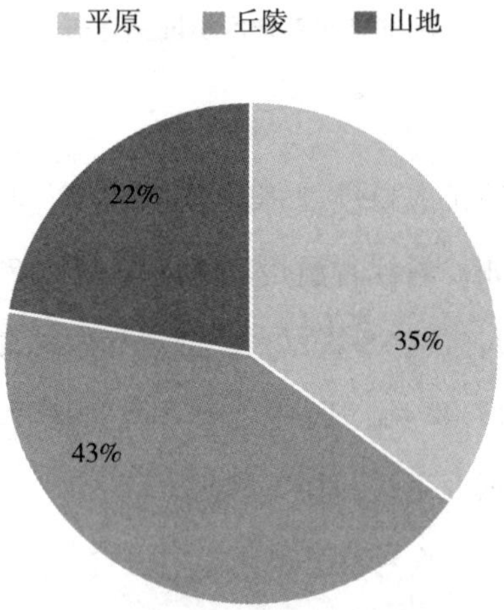

图 2–3　2020 年中部地区小城镇地形分布情况

资料来源：国家统计局。

中部地区整体人口众多、资源丰富、劳动力密集、交通便利、市场广阔，具有发展制造业的基础条件，且与东部地区小城镇相比仍有较大的城镇化发展潜力。例如，河南省邓州市穰东镇，依托人口优势发展服装加工这一工艺相对简单的劳动密集型产业，已形成以服装业为支柱，涵盖包装、物流、服务等完备的产业链条，经济实力得到了显著提升。目前中部地区的小城镇发展以加快乡镇工业化、促进农村劳动力转移为主（见图 2–4）。

图 2-4 河南省邓州市穰东镇

（三）西部地区小城镇

西部地区自然资源丰富但自然条件恶劣，近半数小城镇分布在山区，形成了地广人稀的发展态势（见图 2-5）。西部地区重工业起步较早，形成了有色金属、能源、石油化工、机械等工业基地和一些经济密集区，但对小城镇的辐射带动作用有限。整体来看，受制于上述“先天不足”，西部地区的小城镇人口较少、布局分散，基础设施配套较差，产业基础薄弱，管理体制和政策配套相对滞后。

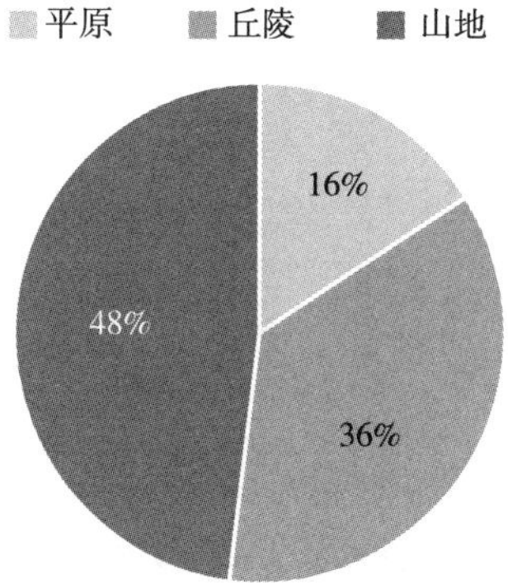

图 2-5 2020 年西部地区小城镇地形分布情况

资料来源：国家统计局。

此外，西部地区省份较多，各省（区、市）发展十分不均衡。例如，西部地区公共财政收入水平最高的内蒙古小城镇的镇均财政收入是甘肃小城镇的近 4 倍，甘肃小城镇的财政收入水平约为东部小城镇平均水平的 1/10。

二、不同资源禀赋小城镇发展趋势与影响因素

2016 年住房和城乡建设部对 90 个小城镇的实地详细调查①结果显示，依靠不同资源禀赋发展起来的小城镇，经济水平差异明显，其中工业发展型小城镇经济总量最大，旅游发展型小城镇和商贸流通型小城镇经济总量接近，农业服务型小城镇经济总量最小（见图 2-6）。

2016 年国家统计局公布的千强镇名单中，以工业为主导产业的小城镇占比最高，接近 50%；而以农业为主导产业的小城镇有 74 个，且大多分布在江苏、浙江一带经济发达地区，以发展现代农业为主；以第三产业为主的专业小城镇仅有 62 个，全部位于东部地区。

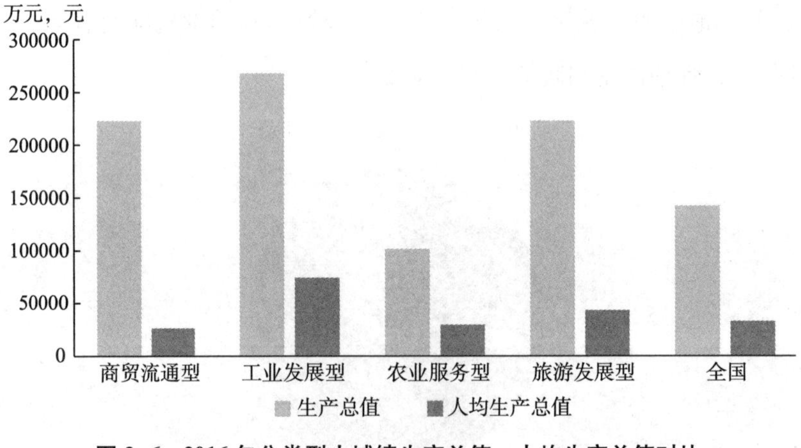

图 2-6　2016 年分类型小城镇生产总值、人均生产总值对比

资料来源：2016 年住建部小城镇实地详细调查。

注：有效样本数量 90 个镇。

① 近年来，只有住建部在 2016 年对小城镇进行过一次较大规模、较为系统的专题调研。

（一）依托农业资源发展的小城镇

传统农业小城镇根据自身区位条件的不同呈现出不同的发展趋势。邻近大城市、区位条件突出的小城镇多采用一、二、三产业融合发展的方式建设特色小城镇，例如浙江省衢州市衢江区莲花镇，以放心农业为主导，构建一体化的全产业链旅游综合体系，打造生态循环农业示范区、浙江玫瑰之乡（见图 2-7）。

不具备邻近大城市区位条件的农业型小城镇，主要是深耕农业领域，在提升科技含量和产品产量、质量上做文章。例如，大庆市肇源县新站镇，围绕大米种植业发展建设沈铁物流基地，打造高标准水田示范区和旱作现代农业科技示范区。

图 2-7　浙江省衢州市衢江区莲花镇玫瑰园

（二）依托工业资源发展的小城镇

工业基础较好的小城镇多以智能制造为发展方向，注重研发、成果转化和创业创新方面的建设。例如，泉州市石狮市蚶江镇，以智能制造为动力，以纺织服装、港口物流为基础，探索出一条多元活力、低碳生态、创新智慧的现代产业发展之路（见图 2-8）。

同时，由于此类小城镇经济实力普遍较强，在城镇建设、基础设施和公共服务设施配套方面普遍优于其他类型的小城镇。

图 2-8 泉州市石狮市蚶江镇

（三）依托旅游服务发展的小城镇

以旅游产业为主要特色的小城镇一般拥有较为突出的自然资源或文化资源。此类小城镇建设总体较好、服务业发达且注重环境保护，目前的发展方向主要为探索开发新的旅游兴趣点以及向文化创意和养生养老领域延伸。例如，浙江省湖州市德清县莫干山镇，以民宿产业为主导，以“裸心养生”为特色发展高端乡村旅游产业，形成了“低碳环保、中西融合”，以民宿为支撑带动乡村发展的莫干山模式（见图 2-9）；龙岩市上杭县古田镇，着力打造以红色旅游产业为主导，融教育培训、文化创意、生态休闲、养生养老等的“红+N”特色产业体系。

图 2-9 浙江省湖州市德清县莫干山镇

（四）依托商贸物流发展的小城镇

商贸流通型小城镇的发展与区位条件密不可分。此类小城镇的主要特点是邻近产地、市场、交通枢纽、边境地区，一般服务配套设施较为完备，区域交通通达性好。例如，常德市临澧县新安镇，依托绿色建材、现代农业等产业，大力发展商贸物流产业，做强仓储冷藏、物流配送、产品检测、商贸会展、信息咨询、商务服务等功能，打造湘北烟花集散中心、农贸市场、物流中心市场。此类小城镇的发展形势通常会受到产能变化、市场波动、基础设施建设带来的交通区位改变以及国际关系和贸易政策变化的影响。

（五）依托矿产资源发展的小城镇

除上述四种类型外，依托矿产等不可再生资源发展起来的小城镇虽然在一定时期内经济高速发展，但存在抗市场风险能力差、生态破坏等问题。

由于资源开发的不可持续性，如未在资源尚未枯竭时谋求转型，经济发展将陷入断崖式下跌。部分矿业型小城镇积极发展其他非矿产业，例如，新疆阿勒泰可可托海镇，作为依托稀有金属矿开采而发展起来的特色工业小城镇，曾是新疆有色金属工业发展的源头，在国家困难时期做出过重大贡献，目前已转型为北疆旅游名镇（见图 2-10）。

图 2-10 新疆阿勒泰可可托海镇

三、不同地形条件小城镇发展趋势与影响因素

从数量上看，平原小城镇、丘陵小城镇和山地小城镇总数相近，丘陵小城镇略多于平原小城镇和山地小城镇（见图 2-11）。从财政收入上看，不同地形条件的小城镇差异较大，平原地区小城镇的财政收入水平是丘陵地区小城镇的近 2 倍、山地地区小城镇的 4 倍多（见图 2-12）。从城镇规模上看，山地地区小城镇的平均建成区规模大于平原地区小城镇、丘陵地区小城镇，人口规模则为平原地区小城镇大于丘陵地区小城镇、山地地区小城镇：平原地区小城镇人口更加集聚、建设较为集约（见图 2-13、图 2-14）。

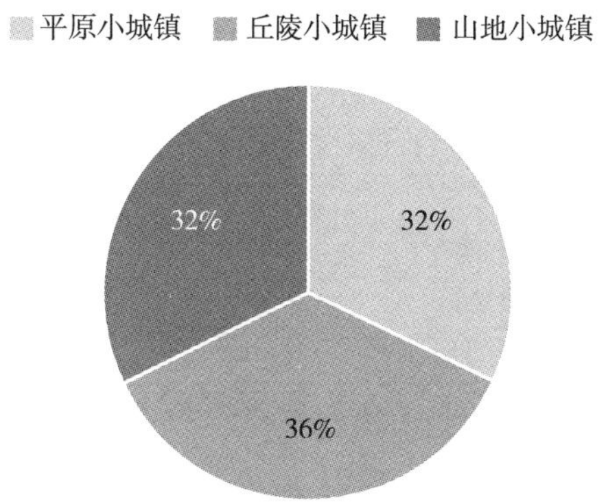

图 2-11　2020 年我国小城镇地形分布情况

资料来源：国家统计局。

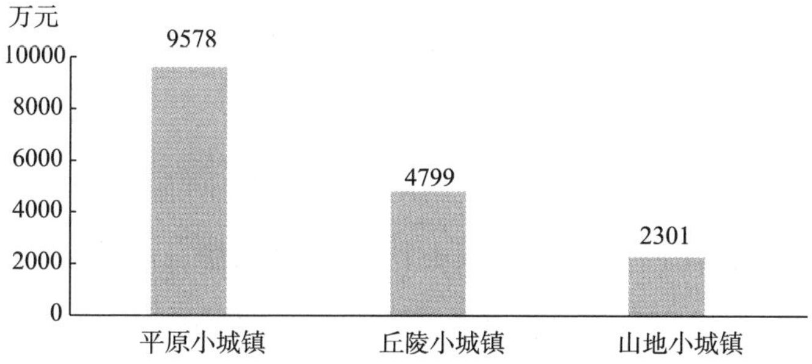

图 2-12　2016 年不同地形条件小城镇镇均公共财政收入

资料来源：国家统计局。

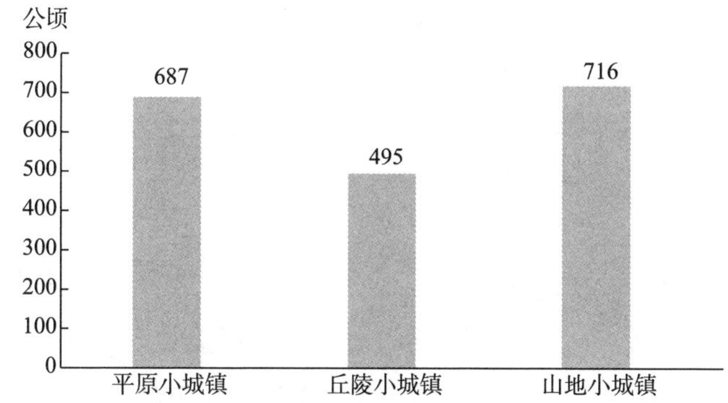

图 2-13　2016 年不同地形条件小城镇镇均建成区面积

资料来源：国家统计局。

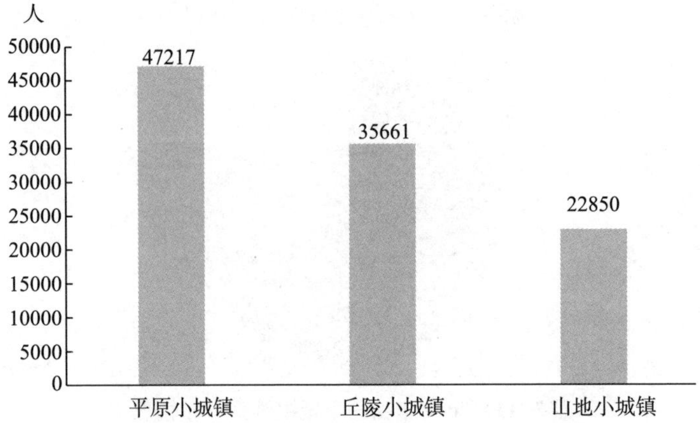

图 2-14　2016 年不同地形条件小城镇镇均常住人口

资料来源：国家统计局。

（一）平原小城镇

平原地区小城镇（见图 2-15）发展受地形条件限制少，一般区域交通条件较好，基础设施和公共服务配套相对完备，经济社会发展势头好，区域中心城市多、带动能力强，发展工业、农业、旅游业均具有明显的优势。东部地区小城镇由于建设约束条件少，在一定程度上不可避免地存在城市风貌特色不突出、“千城一面”的问题。

图 2-15　典型平原小城镇风貌

（二）丘陵小城镇

丘陵小城镇（见图 2-16）的发展分化情况明显。例如，广东省的狮山镇、虎门镇，工业经济发达，城镇规模极大（常住人口在 60 万人以上），城镇实力极强。而中西部地区的丘陵小城镇多以农业经济为主，工业基础较平原地区的小城镇薄弱，城镇化发展相对滞后，自然环境对城镇发展有一定的限制。随着农业转移人口不断增加，一些丘陵地区的小城镇人口外流趋势明显，亟须产业转型。例如，广东省南塘镇，2016 年全家外出人口占户籍人口总数的近 40%。而一些基础较好的小城镇在政府主导下，通过改善交通基础设施条件、给予政策优惠等手段，推动农业经济逐步向工业经济转变。

图 2-16　典型丘陵小城镇风貌

（三）山地小城镇

山地小城镇（见图 2-17）受地形条件限制多，地质灾害隐患大，交通不便，规模小且布局分散，不利于发展工业经济和布局基础设施。除部分矿产资源丰富、旅游资源突出或对国防建设有重要意义的小城镇以外，其他小城镇发展乏力、人口外流（广东省大八镇的全家外出人口占户籍人口总数的近 80%），未来整体数量将会缩减，人口将向城市或条件较好的其他小城镇集中。

图 2-17　典型山地小城镇风貌

四、不同区位小城镇发展趋势与影响因素

（一）城市周边的小城镇

大城市、特大城市近郊小城镇的发展动力主要来自城市功能和人口外溢，以及就地城镇化。此类小城镇主要发展都市型农业、医药、高新科技、智能制造等产业。例如，石家庄高营镇，依托石家庄药业优势，发展医药产业；江苏省无锡市滨湖区滨湖镇紧邻无锡市中心，大力发展特色农业、观光农业、旅游休闲，并且建立了省级旅游度假区。

同时，城市周边的小城镇房地产业比较发达。因为房价较中心城区低廉、居住环境更好，迎合了消费者对住房的需求，从而形成了以房产、购物为主要产业的小城镇。例如，上海浦东新区唐镇依托上海世博园建设，面临市内高档房源紧缺，发挥自身交通、区位条件良好的有利条件，大力发展高档别墅区；河北省燕郊镇（见图 2-18）紧邻北京市通州区，房地产业迅速发展，容纳了大量在北京市区工作的人群，与北京市区的交通联系日益完善。纳入城市规划区范围，逐渐融入为大城市、特大城市的一部分是此类小城镇发展的必然趋势。

图 2-18 河北省三河市燕郊镇住宅

（二）远郊小城镇

远郊小城镇受大城市辐射带动影响较小，发展动力和主要产业差异较大，易于发展农业、低端制造业、采掘业、商贸物流业（交通区位较好的小城镇和边境小城镇）。

此类小城镇中服务业相对发达的小城镇能够成为区域的中心，服务周边的农村地区和其他小城镇。例如，天津市静海区团泊镇（见图 2-19），由于天津市承办全运会期间在此建设了部分高端服务设施，加之该镇环境较好，适宜发展养老产业，成为区域内养老和高品质运动休闲服务中心。

图 2-19 天津市静海区团泊镇体育中心

（三）邻近产业园区的小城镇

依托各类园区和基地发展的小城镇主要发展为园区或发展与基地配套的服务业，同时解决园区从业者的居住需求；部分小城镇甚至被涵盖在工业园区内，例如，江苏省扬州开发区施桥镇，小城镇的主导产业与开发园区产业相同。此类小城镇的兴衰受园区的影响极大，缺乏其他发展动力，一旦园区经营陷入困境，小城镇在一段时期内衰退比较严重。

综上所述，不同区域环境、资源禀赋、地形条件和区位条件对小城镇的发展有不同的影响。这些影响因素之间往往相互关联、共同作用，因此小城镇的发展需要因地制宜，分类指导。同样的政策或发展模式套用在看似发展情况相近的小城镇，也可能产生不同的效果。只有在根据上述因素对小城镇进行科学分类的基础上，才能对症下药、有的放矢，更好地指导小城镇的发展。

第二节　小城镇分化发展趋势和主要特征

一、特大镇、经济强镇逐步成为小城市

我国建成区常住人口在10万人以上的小城镇大多分布在长三角、珠三角、京津冀、成渝城市群以及各大都市圈范围内。这些建制镇受城市群、中心城市的辐射带动作用明显，受益于中心城市功能疏解，并为中心城市提供都市休闲、绿色产品供应等功能。对于东南沿海地区的城市群而言，特大镇是城市群内部加强各大城市之间的联系、构成连片建成区的重要组成形态。

特大镇、经济强镇的经济增速较快、人口集聚能力强，城镇人居环境优良、综合功能齐全，城镇内生发展动力强，正在或者已经进入快速、健

康发展轨道。特别是分布于东部区域性中心城市周边的小城镇，往往具有较好的建设基础。这些小城镇产业功能丰富，以工业、农旅、现代服务和文旅四类产业为主导，对外来就业人口具有较强的吸纳能力。

2016 年 2 月，《国务院关于深入推进新型城镇化建设的若干意见》指出，“培育发展一批中小城市，将具备条件的县和特大镇有序设置为市”。根据 2016 年住建部调查数据，我国镇区人口在 10 万人以上的特大镇有 322 个，其中 251 个镇为县级政府驻地及其连片的区域。镇区人口超过 20 万人的有 54 个，其中 22 个为县政府所在镇，23 个镇位于县级政府驻地连片区域。另有佛山市大沥镇、东莞市虎门镇两镇，镇区人口超过 50 万人。镇区人口在 20 万人以上的镇主要分布在广东、上海、江苏。

按照 2014 年《国务院关于调整城市规模划分标准的通知》，2021 年，在我国特大镇中，有 21 个符合 I 型小城市以上设市标准，其中东部地区 18 个、西部地区 2 个、中部地区 1 个。30 万人以上的小城镇有 4 个，都在我国的东部地区，即河北省三河市燕郊镇、江苏省昆山市玉山镇、广东省南海区狮山镇和大沥镇，其中大沥镇户籍人口高达 33.6 万人（见表 2-1）。《2022 年中国中小城市高质量发展指数研究成果》确定的全国综合实力千强镇中，排名前 100 的特大镇全部位于东部沿海地区，其中广东 28 个、江苏 34 个、浙江 18 个、山东 6 个、河北和福建各 4 个（见表 2-2），成为特大镇改市的重点区域。

表 2-1　2021 年按人口规模分组的分地区小城镇数量及占比

规模	全国		东部地区		西部地区		中部地区		东北地区	
	数量/个	占比/%	数量/个	占比/%	数量/个	占比/%	数量/个	占比/%	数量/个	占比/%
30 万人以上	4	100	4	100	0	0.00	0	0.00	0	0.00
20 万～30 万人	17	100	14	82.35	2	11.76	1	5.88	0	0.00

续表

规模	全国		东部地区		西部地区		中部地区		东北地区	
	数量/个	占比/%	数量/个	占比/%	数量/个	占比/%	数量/个	占比/%	数量/个	占比/%
15万~20万人	97	100	62	63.92	14	14.43	21	21.65	0	0.00
10万~15万人	543	100	263	48.43	116	21.36	154	28.36	10	1.84
5万~10万人	4782	100	1806	37.77	1098	22.96	1789	37.41	89	1.86
3万~5万人	6187	100	1919	31.02	2087	33.73	1817	29.37	364	5.88
2万~3万人	4294	100	959	22.33	1891	44.04	914	21.29	530	12.34
1万~2万人	3759	100	670	17.82	1952	51.93	635	16.89	502	13.35
5000~1万人	859	100	98	11.41	571	66.47	106	12.34	84	9.78
2000~5000人	334	100	6	1.80	284	85.03	11	3.29	33	9.88
2000人以下	103	100	40	38.83	55	53.40	1	0.97	7	6.80
总计	20979	100	5841	27.84	8070	38.47	5449	25.97	1619	7.72

资料来源：2021年《中国城乡建设统计年鉴》。

表2-2 2022年全国前100个特大镇地区分布

序号	省（区、市）	拥有的前100个特大镇数量/个
1	江苏	34
2	广东	28
3	浙江	18
4	山东	6
5	河北	4
6	福建	4
7	河南	1
8	安徽	1

续表

序号	省（区、市）	拥有的前 100 个特大镇数量/个
9	湖北	1
10	湖南	1
11	贵州	1
12	广西	1

浙江龙港成为党的十八大之后全国首个镇改市案例，也是全国唯一不设乡镇、街道的县级行政区域。龙港是依靠持续的体制突围致富后温州农民集资建设的全国第一座农民城，1983 年 10 月被批准建镇。1983—2018 年，龙港镇面积从 5. 2 平方千米扩大至 183. 99 平方千米，人口从 5000 多人激增至 38. 2 万人，下辖 73 个行政村 30 个社区，城镇化率达 63. 2%。2018 年，龙港镇地区生产总值 299. 5 亿元，工业总产值 418 亿元，财政总收入占苍南县的 40%，达 24. 6 亿元。龙港镇的经济体量已超过中西部一些地级市。2019 年 8 月 16 日，经国务院批准，民政部复函浙江省人民政府，同意撤销苍南县龙港镇，设立县级龙港市。

二、紧邻城市的小城镇逐步融入都市区

在以城市群为主体的城镇化格局下，毗邻中心城市的小城镇发展质量高、城镇规模提高潜力大。中心城市和毗邻中小城市、小城镇逐渐形成都市圈。相对于较为罕见的撤镇设市，更多紧邻城市的建制镇和部分县城关镇在历年行政区划调整中，逐渐演变为城市街道。2016—2020 年，全国有 410 个建制镇经历了撤镇设街道的区划调整（见图 2-20）。

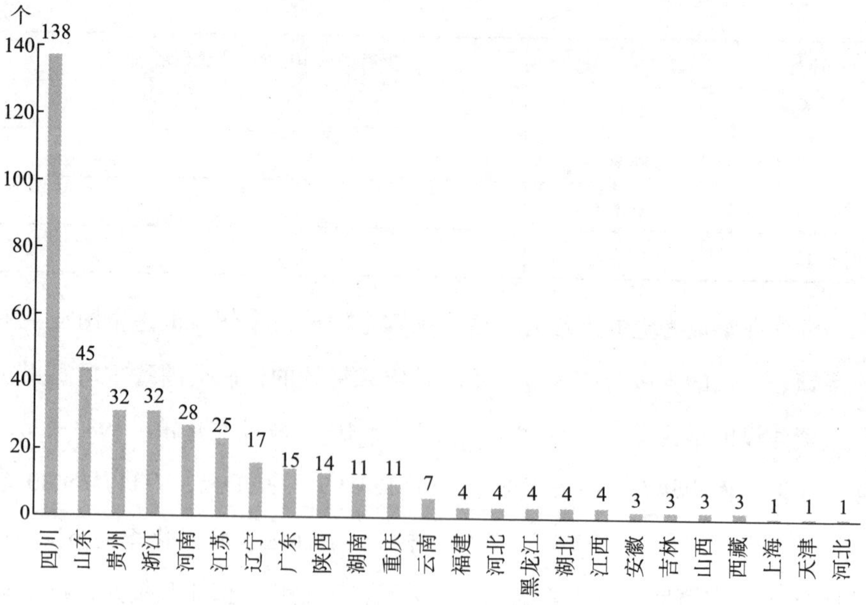

图 2-20　2016—2020 年撤镇设街道的建制镇省（区、市）分布

资料来源：国家统计局。

三、资源依托型小城镇呈特色化发展

2016 年，住建部联合国家发展改革委和财政部发布的《关于开展特色小镇培育工作的通知》提出，到 2020 年我国培育 1000 个左右各具特色、富有活力的特色小镇。这部分小城镇的主要来源有两个：一是列入住建部和国家文物局公布的七批中国历史文化名镇名单的镇，共有 312 个，普遍为保存文物特别丰富且具有重大历史价值或纪念意义的、能较完整地反映一些历史时期传统风貌和地方民族特色的镇，代表着我国不同地域历史文化村镇的传统风貌，承载着历史和乡愁；二是已经入围前两批国家特色小城镇名单的 403 个特色小城镇[1]，以及其他具备创建和申报资格的小城镇[2]。

2018 年，403 个特色小城镇平均镇域常住人口 5.7 万人、镇区常住人口 2.9 万人，较申报时分别增长 3.5%和 7.2%；平均每个镇区外来人口 1.1 万人，占镇区总常住人口的 38%。2018 年，403 个特色小城镇镇均生产总值约 50 亿元，年均增长 10.2%，高于全国平均增速。京津冀等战略性经济发展区内的特色小城镇镇均生产总值约 85 亿元，呈现向高质量发展转变的趋势。特色产业产值年均增长 8.7%，产业活跃度高，其中 11%的特色小城镇特色产业产值在百亿元以上。2016—2018 年，403 个特色小城镇新增产业项目中，有 88%与其特色资源紧密相关，其中发展较好的特色产业项目有 1324 个，累计投资超过 9000 亿元。随着我国经济社会快速发展，人民对生活品质的追求越来越高、对文化产品的消费越来越多、对中华文化的认同感越来越强，支撑这些类型小城镇特色化发展的动力也将越来越充足。

四、大部分小城镇将继续常态化发展

常态化发展的小城镇是目前小城镇的主体，主要包括三种类型。一是建成区人口在 2 万人以下的建制镇。这部分建制镇占全国建制镇的 83%，其中包括部分中小镇和一般小城镇，绝大部分小城镇人口规模较小，经济长期保持平缓发展的状态。二是承担特殊使命的小城镇，如位于革命老区、边区的镇和民族镇等。从数量上看，位于革命老区的镇有 5807 个，位于边区的边境镇有 273 个，民族镇有 108 个。三是地处偏远地区、

① 国家层面，2016 年由住房和城乡建设部牵头，会签国家发展改革委、财政部认定了第一批 127 个特色小镇；2017 年由住房和城乡建设部牵头，会签财政部认定了第二批 276 个特色小镇。两批共计 403 个特色小镇，后改称“特色小城镇”。2018 年以后，由于特色小镇管理部门调整和政策调整，没有再统计此类数据。

② 潘有成．历史文化名镇交通规划与组织模式研究［J］．城市管理与科技，2013，000（1）：39-40.

偏远山区的具有一定综合服务功能的小城镇。这类小城镇虽然产业基础、区位条件、资源禀赋并不突出，但对腹地农村、农民比较重要，未来主要是作为广大农村腹地的综合性服务中心。①

五、资源匮乏小城镇逐步收缩、撤并

缺乏资源支撑、产业基础薄弱、经济增长乏力甚至下降、镇区人口规模偏小的小城镇，未来大部分将逐步走向收缩、撤并。2005—2015 年，全国约 21% 的小城镇生产总值年均增速在 5%以下，经济长期平缓发展（见图 2-21）。这部分小城镇普遍缺乏经济发展动力，主要发挥服务农村的功能。此类小城镇大量分布于中西部经济欠发达地区，另外，在长三角和珠三角等发达地区的部分小城镇也同样面临着人口与资源的流失。

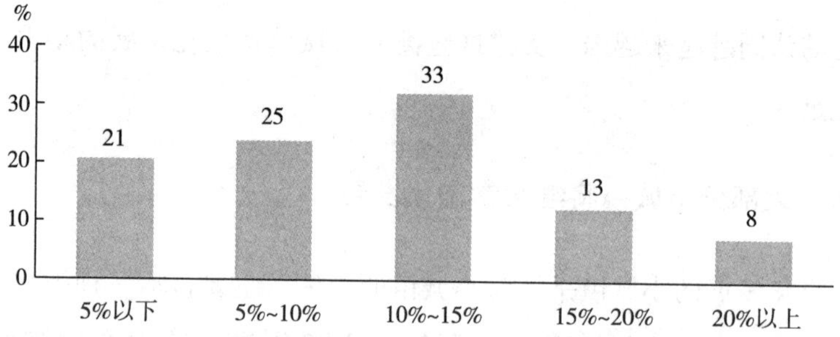

图 2-21　2005—2015 年小城镇生产总值年均增速分布

资料来源：国家统计局。

此外，随着我国经济社会发展、人民收入水平提高和 5G 时代的到来，区位条件好、资源禀赋好、把握机遇能力强的部分乡和村（如中国历史文化名村等），将会迎来更多的快速发展机会，有机会实现从村到镇、到小城市的蜕变。当然，也会有些地方通过合并“乡”的方式建镇。

① 本段数据来源为 2016 年全国小城镇统计数据。

第三节　小城镇发展面临的关键约束

一、定位不明确，有效支持力度较小

20世纪八九十年代密集出台了一系列支持小城镇发展的政策文件，党的十五届三中全会更是提出了“发展小城镇，是带动农村经济和社会发展的一个大战略”，把小城镇发展提升到国家战略高度，极大地促进了小城镇建设。之后，《国家新型城镇化规划（2014—2020年）》提出“构建大中小城市和小城镇特色鲜明、优势互补的产业发展格局”，《国民经济和社会发展第十三个五年规划纲要》提出“要加快发展中小城市和特色镇，因地制宜发展特色鲜明、产城融合、充满魅力的小城镇”。但这些文件、规划中缺乏具有定位性质的、明确的表述，近年来小城镇地位下降，与此不无关系。进入新时代，小城镇何去何从，如何在国家战略中更好地发挥作用，尤其是在服务和带动乡村发展中承担什么角色，亟待国家有关部门将小城镇工作纳入议事日程，并尽快出台专门政策和文件。

二、环境品质差，集聚要素能力不强

从环境设施建设上看（见表2-3），2020年城市和县城的污水处理率分别为97.53%、95.05%，生活垃圾处理率分别为99.92%、99.31%，小城镇这两项指标分别为60.98%、89.18%。同期，城市、县城建成区绿化覆盖率分别为42.06%、37.58%，建成区绿地率分别为38.24%、33.55%，小城镇这两项指标分别为16.88%、10.81%。从产业方面来看，镇域范围内的企业大多属于层次较低的劳动密集型产业和小型加工业，环境保护意识薄弱，缺乏必要的污染防治措施和设施。

表 2-3　2020 年我国城市、县城、建制镇镇区环境设施比较

区域	人均道路面积/平方米	污水处理率/%	人均公园绿地面积/平方米	建成区绿化覆盖率/%	建成区绿地率/%	生活垃圾处理率/%
城市	18.04	97.53	14.78	42.06	38.24	99.92
县城	18.92	95.05	13.44	37.58	33.55	99.31
镇区	15.79	60.98	2.72	16.88	10.81	89.18

资料来源：根据 2020 年《中国城乡建设统计年鉴》计算整理。

三、设施配套差，镇区建设相对滞后

2020 年，我国城市、县城、建制镇镇区供水普及率分别为 99.99%、96.66%、89.05%，同期的燃气普及率分别为 97.87%、89.07%、56.94%，小城镇各项指标均明显低于城市和县城，市政设施建设短板亟待补齐。从投资上看（见表 2-4），同期建制镇每万人市政公用设施固定资产投资额仅为城市的 26.8%、县城的 45.3%，每平方千米建成区市政公用设施固定资产投资额仅为城市的 12.9%、县城的 25.4%。国家将财政资金更多地分配给了城市和县城，是小城镇建设滞后的重要原因之一。在教育、医疗、文化、社会保障等具有代表性的公共设施配置上，虽然服务半径和指标配置基本达标，但是服务质量难以满足人民群众对美好生活的需要（见表 2-5）。

表 2-4　2020 年我国城市、县城、建制镇市政公用设施固定资产投资额

区域	固定资产投资总额/亿元	常住人口/万人	每万人固定资产投资总额/万元	建成区面积/平方千米	每平方千米建成区固定资产投资额/万元
城市	22283.9	53763	4145	60721.3	3669.9
县城	3884.3	15846	2451	20867.1	1861.4
镇区	2047.5	18433	1111	43385.0	471.9

资料来源：根据 2020 年《中国城乡建设统计年鉴》计算整理。

表 2-5　2015 年和 2020 年我国城区、镇区师生情况

年份	中小学师均学生数/人		中小学学生比重/%	
	城区	镇区	城区	镇区
2015	16.52	15.54	32.22	41.59
2020	16.24	15.37	39.04	41.21

资料来源：根据 2016 年、2021 年《中国统计年鉴》计算整理。

四、分化趋势明显，分类指导精准施策不够

从人口规模来看，不同区位的小城镇，在产业、经济、人口比例等方面存在较大差异。截至 2018 年底，镇区建成区人口超 1 万人的镇有 5000 多个，超 5 万人的有 882 个（含县城关镇 780 个），超 10 万人的有 256 个，10 万~20 万人的有 209 个，大于 20 万人的有 47 个，人口最多的小城镇人口超过 70 万人。从经济发展来看，千强镇主要集中在长三角、珠三角和京津冀三大城市群，675 个财政收入强镇都在东部地区，工业千强镇中有一半以上集中在三大城市群。整体来看，中西部地区大部分小城镇的经济发展速度和水平与东部地区有较大差距，距离各类市镇较远的乡村地区小城镇人均生产总值水平普遍偏低，距离大城市近的小城镇人均生产总值水平整体较高，位于城镇密集地区的各类小城镇人均生产总值高但个体差异大（见表 2-6）。

表 2-6　2015 年不同区位小城镇人均生产总值水平对比　　单位：元

区位	平均值	中值	标准差
大城市郊区	44741	33458	34096
城镇密集区	46619	26004	58810
乡村地区	33586	22307	26065
全国	39618	25793	39041

资料来源：赵晖，等．说清小城镇［M］．北京：中国建筑工业出版社，2017.

由于长期以来小城镇财权事权不匹配以及分类办法不科学、分类标准不严谨等，小城镇建设很难做到因地制宜、分类施策，以至于很多有关小城镇的政策落实效果不尽理想，不同区域、不同类型的小城镇建设得不到有效的政策支持，建设滞后、功能缺失、辐射带动能力差等问题普遍存在。为更好地发挥小城镇在服务国家战略方面的作用，亟须对小城镇建设现状和分类进行研究。

第三章　小城镇建设的国内外经验与启示

第一节　德国小城镇建设经验和对我国的启示

一、德国小城镇建设的主要经验

（一）推动大中小城市和小城镇协调发展

在城镇化过程中，受资源、交通及历史的影响，德国西南部和中部城市较多，北部和东部相对较少。但整体来看，德国城镇化呈结构相对合理、大中小城市并行发展的宝塔形。少数大都市作为全国城市的龙头处于塔顶；适量的中等城市作为骨干，成为区域经济、文化和交通的中心，处于塔中；数量众多的小城镇遍布全国各地，处于塔底，构成了基础。从分布位置上看，小城镇一般距大中城市半小时到 1 小时的车程。在每个大中城市的周围都分布有相对集中的近乎卫星城的小城镇群①。

（二）坚持工业化和城镇化并重

目前，德国约有 35 万个各类农业（含林业、牧业、园艺业）企业，其中有相当多的企业分布在乡镇。加上大量中小工商业和服务业，创造了大量就业岗位，几乎所有小城镇都是农业、林业、饲养业、手工业和

① 董金秋，刘爽．论小城镇发展的角色困境及其出路［J］．中国名城，2014（2）：4-9，34.

服务业的集群地[①]。例如比沃小城，本地人口规模 4 万多人，是原东德地区不太发达的城镇。两德统一后，政府高度重视城镇建设，明确定位和侧重点，把工业化与城镇化的融合发展作为主线，大力支持和扶持比沃化工园区的建设，使小城镇呈现出主导产业突出的鲜明特点。比沃小城现已成为德国中部乃至欧盟境内重要的化工重镇，占地 1200 公顷，360 家企业在此落户，在职员工 11000 人[②]。

（三）小城镇是德国人口主要聚居地

德国有百万人口以上的大城市 4 个、50 万人口以上的中等城市 10 个、10 万人口以上的小城市 70 余个。乡镇数量超过 13500 个，其中 75%以上乡镇的人口少于 5000 人。大中城市越来越多的中产阶级家庭分散居住在郊外的小城镇[③]。据统计，德国约有 2600 多万人居住在大中城市，约占总人口的 32.91%；有 4600 多万人定居在人口为 2000~10 万人的小城镇，约占 58.23%；另有 700 多万人居住在人口不超过 2000 人的村庄，约占 8.86%。这些数据表明，德国人口的城市化率很高，但是绝大部分定居在中小城镇[④]。

（四）小城镇建设处处体现“以人为本”的理念

德国小城镇虽然规模不大但基础设施完善，功能明确。德国小城镇建设不是把精力、物力、财力投放到修建楼台亭榭等人造形象工程上，而是致力于追求自然美、环境美、适宜人居，处处体现出“以人为本”的理念，充分考虑和满足居民的各种需求。大到银行、商店、邮局、交通、消防队和医疗，小到休闲椅、停车场和公厕，甚至残疾人无障碍通道、马路

---

① 丁声俊．德国小城镇的发展道路及启示［J］．世界农业，2012（2）：60-65.

② 李兵弟，郭龙彪，徐素君，等．走新型城镇化道路，给小城镇十五年发展培育期［J］．城市规划，2014，38（3）：9-13.

③ 丁声俊．德国小城镇的发展道路及启示［J］．世界农业，2012（2）：60-65.

④ 丁声俊．德国小城镇的发展道路及启示［J］．世界农业，2012（2）：60-65.

的自动收费设施等，都在规划布局中。上百年历史的老房屋也基本安装了现代化的卫生设备和供暖设施。例如比沃小城，政府和企业为化工园区现代化建设投资达50亿欧元，仅在完善基础设施建设上就投入25亿欧元。化工园区在规划时不仅强调功能完整、布局合理，还对交通、通信、排污等公共设施建设提出了很高标准，因此吸收了大量国际顶级化工集团和新兴企业，其中不乏拜耳、德古萨、林德等国际知名的跨国公司①。

（五）重视对田园风光和传统文化的保护

德国小城镇建设特别注重人文内涵，讲求质量及建筑美。德国人十分珍爱和重视先人留下的瑰宝，把富有历史人文内涵的传统与生产生活方式的现代化相结合，融入小城镇建设的方方面面。如今，小城镇已经成为德国历史的缩影和文化的精华，也是人们追溯历史的胜地。游览德国的小城镇，犹如参观富有历史特色的建筑博物馆。同时，德国的小城镇很好地保护了农村自然田园风光。一名曾经长期在德国生活工作的学者是这样描绘德国巴伐利亚州南部的艾斯巴赫小镇的：它虽然是个乡镇，但却像是掩映在一片绿色中的、美丽的大村庄——墨绿的森林，环绕它的周围；绿色的伊萨尔河，静静从镇旁流过；冬去春来，广阔的田野变为麦田和园艺，映入眼帘的是无边的“绿”②。

二、对我国小城镇建设的启示

（一）小城镇发展要坚持工业化城镇化并重

工业化是城镇化建设的基本动力和基础，工业化水平决定着城镇化的水平，决定着城镇化的发展方向。加快推进小城镇产业培育，是激发小城镇活力、提高小城镇人气和可持续发展能力的客观要求和必然选择。同

① 丁声俊．德国小城镇的发展道路及启示［J］．世界农业，2012（2）：60-65.

② 丁声俊．德国小城镇的发展道路及启示［J］．世界农业，2012（2）：60-65.

时，要加快小城镇基础设施建设、完善城镇功能，为各类要素在小城镇集中、集聚提供条件①。

（二）小城镇建设要守护好传统文化和田园风光

小城镇是“绿水青山就是金山银山”的重要实践地，也是我国传统优秀文化和乡愁的重要承载地。德国经验表明，守护和传承历史传统，并非守旧和落后的代名词；求新发展，绝不是“消灭乡村”，或片面以“城市景观”取代“农村风光”。在推进小城镇规划建设过程中，一方面要坚持做到规划人本化、设施现代化、生活富裕化、环境宜居化、城乡融合化。另一方面，也必须守护好我国优秀的历史文化遗产、守护好农业自然生态环境、守护好农村的自然田园风光②。

第二节　法国小城镇建设经验和对我国的启示

一、法国小城镇建设的主要经验

（一）以“市镇联合体”推动小城镇发展

法国地方政府由大区、省、市镇三级构成，尽管经历多轮行政区划改革，但市镇并未进行大规模缩减和归并，使得法国市镇总量规模过大，2017 年达到 3 万多个。由于法国人口密度相对较低，大城市发展缓慢，而法国人口超过百万人的城市不超过 5 个，人口规模超过 1 万人的市镇只有 1000 多个。这些市镇难以独立承担一定规模的地区级公共服务设施，也无法独立实现市政设施的建设与管理，因此法国逐渐发展出市镇联合模式。

---

① 紫野．德国：小城镇建设走新路［N］．光明日报，2013-12-12（08）．

② 丁声俊．德国小城镇的发展道路及启示［J］．世界农业，2012（2）：60-65．

各市镇设立法定市镇合作机构——市镇联合机构，在规划时将具有相同发展特征的市镇视为统一整体，在大区级空间规划的基础上进行统筹规划，制定联合体层面的《国土协调纲要》，从区域层面协调地方规划，协调市镇的建设与社会发展；在治理上承担联合体的社会治理职责，协调区域经济社会发展[①]。

（二）注重发挥协会、联盟等自发组织的作用，推动小城镇发展

自20世纪70年代法国推行“均衡化”政策（为了解决城市发展失衡问题，法国政府推出一系列城市发展规划方案，将发展重心转向中小城市和乡镇地区）以来，相继创立了众多颇具特色的小城镇协会和联盟，如全国鲜花城镇协会、法国绿色度假地联盟、传统工艺之城协会、法国特色小城镇协会、法国最美偏远小镇协会等。协会和联盟由四类人群组成，分别为政府官员、企业家/商人、专家学者和本地居民。这些组织能够为小城镇建设提供资金支持、专业指导、旅游开发和品牌营销等方面的支持，促进小城镇发展[②]。

（三）积极推动农业现代化，促进小城镇向城镇化方向发展

法国的城市化是通过提高农业生产率、解放农村劳动力、推动农村人口进入城市实现的。法国政府积极发展现代化农场，推动农业集约化发展。一方面法国政府提供贷款支持，并给予农业高补贴；另一方面政府鼓励农业研究所、培训机构进行农业知识培训，并建立专门农业学校进行培训[③]。

---

① 孙婷．基于市镇联合体的法国小城镇发展实践及对我国的启示［J］．小城镇建设，2019，37（3）：26-31.

② 郭小溪．组织力量大：协会推动下的法国特色镇群［J］．北京规划建设，2017（3）：58-62.

③ 范云芳．基于国外城镇化发展的中国城镇化战略选择［J］．中国发展，2014，14（1）：45-51.

二、对我国小城镇建设的启示

（一）打破行政壁垒，建立满足发展需要、不同尺度的区域空间政策协调框架和多层次合作协商平台

借鉴法国“市镇联合体”模式，在社会、经济联系紧密，甚至以重大设施为基础的若干市县或若干重要联系村镇探索制定地区层面的空间协调规划，并以此为上位协调性规划，建立市县或村镇的基础蓝图，破除行政壁垒。同时，探索建立小城镇与附近城市的合作协商平台，实现资源整合，让小城镇充分参与到区域建设和治理中，实现共建共享共治①。

（二）积极推进农业现代化，实现集约化管理

鼓励有条件的小城镇因地制宜发展特色农业，推动现代农场建设，予以适当财政货币支持，注重培养专业农业技术人员，以农业现代化助力小城镇的城镇化发展。

第三节　日本小城镇建设经验和对我国的启示

一、日本小城镇建设的主要经验

（一）大都市圈为主，大中城市与中小城镇共同发展

受地形特征和历史发展等诸多因素的影响，日本城镇化形成了以东京都市圈、大阪都市圈和名古屋都市圈为主导的模式。虽然三大都市圈的面积占全国国土面积的比重仅为15%左右，但其人口占全国的比重已经达到

① 孙婷．基于市镇联合体的法国小城镇发展实践及对我国的启示［J］．小城镇建设，2019，37（3）：26-31.

50%。日本在积极推进都市圈发展的同时也非常注重中小城镇的建设。日本政府为刺激中小城镇与大城市的共同发展，将小城镇纳入大都市圈整备计划，利用小城镇各方面优势条件建立工业及高新技术产业园区，利用都市圈的区域带动作用促进中小城镇经济发展。通过实施地方都市圈规划和全国综合开发规划等努力缩小城市间的经济差距，防止大城市规模过大导致小城镇和中小城市的差距拉大，促进全国实现均衡发展①。

（二）政府注重对小城镇建设的引导，以法治思维推进合理规划

日本政府先后制定了多层次、全方位的小城镇发展规划，为小城镇发展明确了工作重点、指明了发展方向。据统计，历届日本政府总共制定了230多项小城镇发展规划（不包含小城镇自身制定的发展规划），如《国土利用计划》《全国综合开发计划》《地方城镇开发计划》等，并且在诸多发展规划中都明确指出，小城镇发展过程中应坚持因地制宜的基本原则，积极探寻与本地区相适应的经济发展模式。同时，日本政府力主推进城镇化过程中的法律化进程，颁布了有关土地开发利用和小城镇建设发展的相关法律法规，有效推动了小城镇的规范、有序发展。并且，在小城镇建设过程中，日本政府每隔10年左右就会对相关法律进行修订，以适应城镇建设的时代背景，不仅为城镇建设保驾护航，还减少了建设过程中不规范、不合理之处，也避免了因内阁换届而出现的“朝令夕改”现象②。

（三）放宽土地流转限制，顺应小城镇合并趋势，加速小城镇的城镇化进程

二战以后，日本先通过实施自耕农制度，建立了土地耕种的小规模家庭经营方式。之后又放宽土地流转限制，实现土地大规模集中使用和非农化利用的转型，推动了小城镇的城镇化发展。此外，随着日本工业化和城

① 蓝庆新，张秋阳．日本城镇化发展经验对我国的启示［J］．城市，2013（8）：34-37.

② 朱彤．中日小城镇发展模式比较研究［J］．世界农业，2017（12）：182-187.

镇化的全面发展，日本在二战后出现了两次大规模的小城镇合并浪潮，促进了城镇化发展。尽管日本小城镇合并有着复杂的社会和经济背景，如城市工业化带来的小城镇人口减少、增强地方自治、合理分配小城镇资源，但同时日本政府也在二战后把推动小城镇合并作为推动农村劳动力转型、加快小城镇建设的重要途径①。

（四）日本小城镇建设经济与生态双管齐下

在小城镇发展过程中，日本强调企业在地区间的合理布局，不仅将污染严重的企业进行集中整合，还强制兴建污水处理厂、垃圾处理厂。这样既能保证相关企业正常运营、推动经济发展，也能最大限度地保护当地生态环境②。

（五）完备的城镇保障制度是支撑条件

在小城镇发展过程中，日本政府非常重视与小城镇发展相配套的社会保障制度的制定与执行。日本政府清楚地意识到，在先前城市化建设过程中，之所以会有大量农村人口盲目涌入城市，除了经济方面的因素，完善的城市社会保障体系也是重要诱因。为此，日本政府先后制定了一系列稳定小城镇居民生活、推进小城镇健康发展的社会保障法案。

（六）以特色产业助力小城镇特色发展

在日本小城镇发展中，特色化一直是重要的发展方向。“特色”是小城镇物质形态特征与社会文化特征的综合反映，是一种特殊的“标签”“符号”，是推动小城镇发展的重要资源，也是小城镇发展不可或缺的属性之一。20 世纪 80 年代初，大分县就曾发起“一村一品”运动，主要目的就是鼓励人们充分结合本地特色资源优势，生产具有本地标签的产品，打

① 马黎明．多维度社会转型背景下的日本小城镇城镇化研究［J］．中国名城，2015（6）：87-90.

② 朱彤．中日小城镇发展模式比较研究［J］．世界农业，2017（12）：182-187.

造具有本地特色的品牌。同时，日本小镇利用日本动漫生产大国和消费大国的优势，把一些受游客欢迎的旅游地与动漫文化进行结合，造就了一批动漫文化旅游小镇，为小城镇塑造了个性和品牌，并推动小城镇向生态化和集约化发展①。

二、对我国小城镇建设的启示

（一）重视小城镇职能规划，强调立法保护

在小城镇发展进程中，科学合理的规划是发展前提，是核心要义。我国小城镇建设应当注重加强立法、推进法治化进程，尽快形成维护小城镇长期稳定发展的法律体系，尤其是与小城镇发展建设息息相关的土地开发利用、金融支持等方面的法律，建立小城镇建设长效机制，推动可持续发展。同时应借鉴日本的发展经验，适时修订法律法规，形成动态调整机制。

（二）坚持以人为本，提高公众参与力度

党的十八大报告提出，要坚持以人为本的新型城镇化发展战略，本质就在于由侧重空间扩张向改善生活条件、提升生活质量转变，由偏重数量规模增加向更加注重质量内涵提升转变。借鉴日本经验，在我国小城镇建设中，要在过去单纯以生产总值为衡量生活水平标准的评价体系中纳入生态环境保护，并将其作为重要考量标准，力争走出一条具有中国特色的小城镇发展道路，力争通过小城镇建设使人们拥有实实在在的获得感与满足感。

此外，要使公众拥有获得感与满足感，提升公众参与水平理所应当、行之有效。在今后的小城镇建设中，不仅要加强宣传，让公众充分认识到积极参与地区公共事务的重要性；还要善于听取民意、敢于听取民意，充

① 朱彤．中日小城镇发展模式比较研究［J］．世界农业，2017（12）：182-187.

分发挥公众的主人翁精神。只有这样，小城镇发展才能真正做到因地制宜，小城镇建设才能少走弯路、不走弯路①。

第四节　韩国小城镇建设经验和对我国的启示

一、韩国小城镇建设的主要经验

（一）坚持政府在城镇化建设中的主导作用

韩国政府通过实施农村工业化，缩小农村和城市的差距；通过立法手段，制定城镇建设的相关法案，为政府干预和指导城镇化、保障城乡有序发展，提供法律依据和行动指南。20 世纪 70 年代，为了促进小城镇发展，韩国政府采取了一系列政策措施，形成了“小城市培育事业”阶段（1972—1976 年）、“小城镇培育事业”阶段（1977—1989 年）、“小城镇开发事业”阶段（1990—2001 年）。到了 20 世纪 80 年代，韩国政府又为“新村运动”立法，对“新村运动”的性质、组织关系和资金来源都做了详细的规定。此外，成立了全国性的领导机构“新村运动本部”，并在各直辖市和道（相当于省）成立“新村运动指导部”，在各市和郡（相当于县）成立救持会，健全“新村运动”指导网络。进入 21 世纪，韩国政府先后制定《地方小城镇培育支援法》（2001 年）和《小城镇培育事业 10 年促进计划（2003—2012 年）》，促成了新一轮小城镇发展的高潮。韩国的小城镇开发事业也步入了法律化、制度化的轨道，并正式成为政府综合规划的一项内容②。

---

① 朱彤、中日小城镇发展模型比较研究［J］. 世界农业，2017（12）：182-187.

② 韩道铉，田杨．韩国新村运动带动乡村振兴及经验启示［J］. 南京农业大学学报（社会科学版），2019，19（4）：20-27，156.

（二）实施大中小城市协调发展战略

韩国主要大力推进城乡一体化的城市网络群带建设，实施了以大城市为龙头带动、集聚效益为发展目标的区域发展战略。同时，为提高中小城市的发展条件和投资环境，通过改善农村交通条件，发展水、电、暖等基础设施，配套相应的医院、学校、银行等公共基础设施，提高了小城镇的承载能力，较好地处理了农民进城和城市容纳能力之间的矛盾。经过几十年的发展，韩国基本实现了“大城市带头发展，中等城市协调发展，小城镇积极发展”的良好格局①。

（三）利用多种渠道筹集城镇建设资金

由于基础设施具有公共物品的属性，韩国政府多方面拓宽筹资渠道，鼓励更多民间资本参与基础设施建设，形成了政府资本与民间资本共同参与建设的格局。韩国《小城镇培育事业10年促进计划（2003—2012年）》规定，行政自治部、国库补助资金管理部门、门道政府、市郡政府对小城镇建设各自承担资金的比例为2∶2∶1∶1②。

二、对我国小城镇建设的启示

（一）立法先行，制定可持续的、综合的规划是科学发展城镇化的前提

韩国政府在20世纪70年代开始注重发展小城镇后，为小城镇发展制定了长期规划，同时颁布了相关法律，以法律形式明确了小城镇综合培育计划，使规划进入制度化轨道，也明确了部门职能，解决了政策综合性差、部门间缺乏持续合作与协调等问题。因此，想要真正发挥小城镇的作用，一方面需要在当地居民、专家、地方政府共同参与的基础上，制定出基于小城镇现状的，内容具体、可行性强的，长期的、可持续的科学规

① 邓文钱．韩国“新村运动”的成功经验［N］．学习时报，2013-12-16（002）．
② 邓文钱．韩国“新村运动”的成功经验［N］．学习时报，2013-12-16（002）．

划；另一方面需要推进相关立法，支持小城镇发展事业，为小城镇建设提供法律基础，切实落实小城镇发展事业①。

（二）各级政府部门的财政支持力度和有效利用各种资金建设小城镇是新型城镇化的必要条件

城镇尤其是落后地区的小城镇，往往发展基础薄弱，在其发展初期，必须得到相当规模的启动资金，也不能完全依靠市场。因此，根据韩国经验，政府应拿出一定资金支援小城镇发展，其中，中央政府必须承担一定比重。中央政府给予资金支持，除了可直接推动小城镇发展外，还可通过规定配套资金的措施保障地方政府也承担支援资金的义务，同时，可大大提高地方政府对促进小城镇发展事业的重视②。

第五节　国内重点区域小城镇发展经验总结

一、京津冀小城镇发展经验

（一）京津冀小城镇发展历程

1. 缓慢发展阶段（1982—1995 年）

这一阶段京津冀地区城镇化水平不高，发展方式主要为利益交易型的经济协作，合作以自发试探性为主，多集中在物资和技术方面。因此，对中心城市外围小城镇的辐射和带动能力十分有限，小城镇呈缓慢发展态势。

2. 快速发展阶段（1996—2005 年）

这一阶段京津冀区域合作意识逐渐增强，主要以项目开发型双边合作

---

① 金振杰．应对高速城市化后遗症　韩国如何培育小城镇［J］．人民论坛，2013（4）：20-21.

② 金钟范．韩国小城镇发展政策实践与启示［J］．中国农村经济，2004（3）：74-78，80.

为特征，且多以政府为主导，小城镇因此迅速发展。但由于缺乏科学规划，小城镇的发展趋于盲目和非理性，城镇之间产业结构趋同、低层次重复建设等现象严重，且出现乡镇工业小区与镇区分离发展的状况。

3. 目标明确阶段（2006—2010 年）

京津冀区域合作向更多领域拓展，小城镇进入转型的重要时期。区域发展从竞争走向协调，日趋一体化；中心城市对小城镇的影响从吸引、集聚走向带动和辐射；小城镇之间发展差距缩小，但县域发展走向不平衡。

4. 功能优化阶段（2011 年至今）

区域协同发展从自发上升到自觉，由区域利益驱动发展到国家战略驱动，内容上从基础设施合作、产业协作等发展到公共服务、公共政策合作，重点从双边推动上升到多边合作与协调机制建构、完善，小城镇之间的互补性增强，积极寻求互动互补发展的合理路径①。

（二）京津冀小城镇功能定位

党的十八大报告明确了小城镇“产业发展、公共服务、吸纳就业、人口集聚功能”4 个基本功能。在京津冀协同发展背景下，根据北京市重点小城镇区位条件的差异，围绕城市功能的发挥，可将其功能定位总结概括为生态服务功能、产业发展功能、公共服务功能、人口集聚功能②。

1. 生态服务功能

新型城镇化发展更强调与区域自然基础和生态环境格局相匹配。当前，生态问题成为北京市发展面临的焦点问题，生态功能也成为北京市重点建设的城市功能。重点小城镇多位于城市郊区，对中心区具有生态屏障

① 冯晶．京津冀一体化背景下环京小城镇空间发展特征研究——以河北大厂为例［J］．城市发展研究，2014，21（8）：16-20.

② 邱明明，徐广才，李国飞，等．京津冀协同发展背景下京郊重点小城镇发展路径初探［J］．农学学报，2016，6（9）：76-81.

的作用，能够通过自身的生态建设，促进城市环境的改善。因此，重点小城镇不仅要不断加强自身的生态建设，实现自然生态与区域发展相适应，还要通过自身生态建设，释放生态服务功能，为城市的良性运行和可持续发展提供生态支撑。

2. 产业发展功能

郊区是北京持续发展的重要腹地，也是在中心城区控制人口总量、资源环境承载力、城市开发边界背景下新的产业发展空间。重点小城镇在区位条件、公共服务、基础设施、生态环境、产业发展等方面相对优于其他小城镇，多具有较为强劲的发展势头，往往能够成为特色产业聚集之地，更容易成为产业转移的首选目的地①。

3. 公共服务功能

当前，基本公共服务均等化问题在城乡统筹发展中尤为突出，城乡公共服务不平衡成为城镇化发展的重要瓶颈。小城镇具有独特的辐射带动作用，能在政府实现城乡公共服务均等化过程中提供重要的平台功能。北京市中心城区和郊区在教育、医疗等公共服务上还存在很大的差距。在未来发展中，重点小城镇的公共服务功能将进一步得到强化。重点小城镇将成为推进中心城区优质公共服务向外疏解和延伸的关键节点，将极大推进城镇建设和发展②。

4. 人口集聚功能

将人口聚集的规模控制在合理范围内是满足小城镇健康发展的关键，人口集聚是功能集聚的结果和表现形式。当前，北京市正积极推进以功能、产业疏解带动人口疏解。重点小城镇要紧密围绕自身核心优势，选择性地承接中心城区功能疏解，完善城镇功能，促进人口集聚，逐步培育

---

① 邱明明，徐广才，李国飞，等．京津冀协同发展背景下京郊重点小城镇发展路径初探［J］．农学学报，2016，6（9）：76-81.

② 李晴．新型小城镇建设中的问题及其对策研究［D］．长沙：湖南师范大学，2014.

建设一批生态宜居、设施完善、特色鲜明、优势突出、竞争力强的现代化城镇①。

（三）京津冀小城镇发展经验

针对不同距离的小城镇分别给予不同的发展举措。距离中心城区较近的近郊区城镇，亟须补足相关规划建设和基础设施供应不足的短板。距离中心城区 40~50 千米的城镇，已经与中心城区有一定的距离，可以更加独立地发展产业，并沿着产业的上下游延伸，成为一个产业集聚能力较强的新城；集聚人口规模也可以更大，并通过更加快速的交通连线形成与中心城区的互动。而距离中心城区 50 千米以上的城镇，受中心城区的经济辐射影响较弱，应当更加侧重与周边规模较大的新城形成紧密的经济联系。

在减量发展的过程中，避免大拆大建。梳理城镇已经承载的功能和已经形成的产业，在区级或市级等更高层次上实现统筹规划，明确各镇的发展重点。各镇则整合现有的资源和能力，将有限的资源投入发展重点中，实现小城镇对城市功能的专业化承接，并且补足小城镇基础设施和公共服务的不足，使其成为宜业宜居的区域，促进首都都市圈的建设。

二、长三角小城镇发展经验

（一）长三角小城镇发展历程

长三角小城镇大致由上海周边小城镇、苏州周边小城镇和南京周边小城镇组成。

其中，上海周边小城镇可分为建设起步阶段、快速发展阶段、有序发展阶段和质量提升阶段。建设起步阶段为新中国成立后到改革开放前，此时城镇发展相对缓慢。改革开放后至 2000 年为快速发展阶段，小城镇乡镇

① 邱明明，徐广才，李国飞，等．京津冀协同发展背景下京郊重点小城镇发展路径初探[J]．农学学报，2016，6（9）：76-81.

企业蓬勃发展，经济体制改革与产业结构调整导致中心城区土地价格上涨，传统产业向郊区小城镇转移，新建项目在小城镇布局。2000—2008 年为有序发展阶段，上海撤乡并镇减少了乡镇数量，促使规模较大、水平较高的小城镇出现；土地向规模集中，工业向园区集中，农民居住向城镇集中。2008 年至今为质量提升阶段，上海小城镇的产业聚集趋势逐步形成，小城镇人口进一步聚集，第三产业空间得到进一步扩大①。

苏州周边小城镇发展历程可分为传统农业自给阶段、自下而上外资驱动发展阶段和有序发展阶段。新中国成立后到改革开放前为传统农业自给阶段，大多数小城镇大力发展传统农业经济，形成传统农业主导型的产业结构，农村集镇经济发展水平低下。改革开放后至 2008 年为自下而上外资驱动发展阶段，在家庭联产承包责任制和户籍、土地制度限制下，大量农村剩余劳动力就地转移，通过大力发展乡镇企业，形成了特色的农村工业化发展模式。粗放式发展下，政府加大企业整顿力度。浦东发展带动了国际产业转移，苏州周边小城镇开始承接外资企业。撤乡并镇下，苏州周边建制镇激增，小城镇人口、用地和基础设施不断发展。2008 年至今为有序发展阶段，通过行政区划调整撤并原来过于分散、密集的小城镇，集中发展中心镇。在经济危机的背景下，苏州周边小城镇积极接受城市技术、经济、产业辐射，同时发挥本地资源优势，推动特色产业集聚化发展，产业集群、专业镇不断涌现②。

南京周边小城镇发展历程可分为自然发展阶段、开发区建设阶段和新城建设阶段。新中国成立后到改革开放前为自然发展阶段，南京周边城镇化进程缓慢。改革开放后到 2008 年为开发区建设阶段，南京周边城镇化进程大大加快，主城外围依托开发区的城镇快速发展。2008 年至今为新城建设阶段，南京市域边缘小城镇仍处于初期惯性发展阶段，规模较小的城镇

① 连德宏．长江三角洲地区小城镇发展动力机制研究［D］．杭州：浙江大学，2007.
② 连德宏．长江三角洲地区小城镇发展动力机制研究［D］．杭州：浙江大学，2007.

主要分布在丘陵、湖泊密集地区，受自然条件影响较大；数量上，小城镇自由均衡发展，遍地开花；城乡二元结构比较明显，县城镇与一般镇规模差距较大①。

（二）长三角小城镇发展经验

产权制度完善和要素市场化配置将全面促进小城镇的专业化特色发展。历史上形成的城乡二元分割是城乡要素流动不顺畅，人才、土地、资金、产业等配置不合理的主要原因，促进城乡要素自由流动将极大地促进各类生产要素的空间优化配置。在市场逐利驱动下，城市的高级要素（知识、技术、信息、人才、资本）和乡村的初级要素（土地、劳动力、自然资源）将围绕不同职能类型的小城镇发生空间聚合反应，从而持续扩大各类小城镇的专业化要素市场规模，产生规模和聚集经济效应，并不断催生新的市场需求，推动小城镇专业化程度和特色发展水平的全面提升②。

基础服务设施等公共资源的合理配置将科学引导小城镇的区域化分工协作。长期以来，城乡之间在基础设施建设和公共服务体系配套等方面极不均衡的二元结构是小城镇专业化分工水平低下、城乡差距持续拉大的根本原因。通过"一体化、有差别"的公共资源配置，一方面可以避免公共设施的重复建设与低效浪费，另一方面可以从根本上改变小城镇的人居环境与生产条件，降低生产和生活成本，从而吸引相关专业人才回乡定居创业，带动其他专业化生产要素的集聚，分类管理引导小城镇由"区域分异"走向更为科学合理的区域化分工协作格局③。

---

① 连德宏．长江三角洲地区小城镇发展动力机制研究［D］．杭州：浙江大学，2007.

② 陈前虎，潘兵，司梦祺．城乡融合对小城镇区域专业化分工的影响——以浙江省为例［J］．城市规划，2019，43（10）：22-28.

③ 陈前虎，潘兵，司梦祺．城乡融合对小城镇区域专业化分工的影响——以浙江省为例［J］．城市规划，2019，43（10）：22-28.

1. 都市区小城镇

这类城镇地处都市区周边，与中心城市之间存在密集的要素流动需求，是都市职能（居住、生产）和要素（科技、人才）扩散转移的主要目的地，也是都市需求（都市农业、休闲旅游）的重要供给源。科技创新成为这类城镇的重要推动力。因此“人”的发展成为第一要务。当前缺乏高品质人居环境是人才吸引力不足的一大原因，需要通过建设或就近与都市中心共享完善的公共服务和基础设施，不断塑造低成本、高品质的生产和生活环境来吸引高层次人力资本聚集，并由此依靠科技创新衍生出以高端制造、创意文化、创业孵化为主的特色产业，实现以高品质的城镇化来提升工业化的发展动力和质量内涵。

2. 非都市区小城镇

这类城镇远离大都市区，有较好的农业和旅游资源基础，但资金等要素匮乏，难以将资源有效转化为专业化特色优势与规模经济效应。经济增长所需的公共财政积累薄弱，社会用于改善生产与生活设施的资金投入短缺，从而进一步制约了专业化分工水平的提高，使城镇发展陷入了“专业化发展水平低下—经济增长不足—社会响应措施滞后—低水平锁定”的恶性循环。为此，应通过乡镇撤并、抱团与共建共享，形成适度规模化的发展格局；在前期农村人居环境改善的基础上，进一步加强农业、旅游等区域基础设施建设与公共服务供给，推动现代农业与旅游的专业化特色发展。与此同时，尽快制定和完善相关政策与制度配套体系，如与特色经济发展相关的绩效考核制度、与资源空间配置效率相关的土地制度、有利于人口迁出的户籍制度以及与社会公平发展相关的财政转移支付制度等①。

3. 分类型政策供给

针对综合服务型小镇，政策导向应是鼓励这类城镇做大做强，以承载

① 陈前虎，潘兵，司梦祺．城乡融合对小城镇区域专业化分工的影响——以浙江省为例［J］．城市规划，2019，43（10）：22-28.

更多的人口与经济要素，为此，延续和深化这类城镇的扩权改革是必要的。针对旅游服务型小镇，政策导向应是盘活乡村地区资源要素，通过完善旅游区域基础设施建设与公共服务供给和相关政策，做精做美旅游小镇。针对工业生产型小镇，政策导向应是充分发挥集聚与规模经济效应，通过制度创新破除要素自由流动阻碍，加大专业化公共服务设施建设力度和人才培养力度，做强做特制造小镇。针对农业发展型小镇，政策导向应是推进农业规模化与现代化，通过推动户籍制度改革、发展现代农业、引进高层次人才等方式做精做专农业小镇。

三、珠三角小城镇发展经验

（一）珠三角小城镇发展历程

改革开放以来，珠三角小城镇经历了起步探索阶段、有序发展阶段和调整创新阶段 3 个阶段。

1. 起步探索阶段（1978—1991 年）

在这一阶段，家庭联产承包责任制使大量劳动力得以释放；同时伴随着“三来一补”启动了工业化进程，乡镇企业在珠三角雨后春笋般地崛起，形成了依托外向型经济的乡镇企业“三来一补”“前店后厂”的发展模式。但由于城镇建设缺乏规划指引，镇区布局散乱，工业厂房与住宅、商店混合穿插现象严重。

2. 有序发展阶段（1992—2003 年）

邓小平南方谈话后不久，市场经济体制确立，珠三角土地市场随之建立，土地逐渐成了城乡之间“交流”的主体。市场经济体制的确立带来了大量私营企业、中小外资企业的崛起，使早期依托社队企业、乡镇企业建立的初步专业镇格局逐渐向产业集群发展，加速了外来人口进入小城镇。同时，这一时期形成了多种小城镇发展模式，如“以下促上，遍地开花”的东莞模式、“中间突破，带动两头”的顺德模式、“以上带下，一镇一品”的中山模式、“六轮齐转，各显神通”的南海模式。

3. 调整创新阶段（2004 年至今）

这一时期，国家“城乡统筹”与地方“放权强镇”改革开始推进。同时，由于前期城镇扩张速度过快，这一时期小城镇开发面临无地可用、公共物品及基础社会供给短缺、生态环境破坏等困境，并且随着劳动力、土地和其他资源的价格上升，逐渐丧失了土地劳动力低成本优势，面临产业结构的转型升级压力。众多发展瓶颈使这一时期珠三角城镇化的持续发展面临两大压力——环境成本过高和社会成本过高。环境成本过高指向产业转型，社会成本过高指向人的城镇化，因此产业升级和城镇转型成为新时期城镇化进程的主旋律，也成为这一时期珠三角地区小城镇发展的新目标①。

（二）珠三角小城镇发展特征

1. 小城镇呈现半城市化特征

珠三角地区的城市化发展与乡村工业化密不可分。改革开放以来，珠三角地区村镇工业化发展迅速，在自下而上的农村工业化和自上而下的分权改革背景下，大量专业镇蓬勃发展，因此珠三角地区的城镇化被称为“乡村城镇化”模式。但由于制度约束，在城市化发展中，存在较为严重的“都市乡民”问题，显现出土地管理制度不完善的问题，大量小城镇呈现半城市化特征②。

2. 小城镇建设用地存在随意性、盲目性

由于建设用地规模急剧扩张，用地布局分散混杂，珠三角小城镇在空间格局上呈现出各自为政、结构松散、空间分割、拼贴混杂的特征，在空间要素上呈现出公共设施分布散乱、规模差异、功能单一的特征，空间景

① 邝晓雯．珠三角小城镇规划发展史研究［D］．广州：华南理工大学，2015.

② 杨舒雅，田银生．珠三角地区专业镇的形成发展与升级转型研究［J］．南方建筑，2020（1）：53-59.

观斑块化、碎片化，空间品质参差，生态环境恶化[①]。

3. 小城镇呈现“村厂+城市+农村”的三元空间特征

一方面，由于长期以“低成本”的空间集聚外资企业、扶持本地村镇企业，形成了“多轮并转、以地生财、增长导向、自下而上”的工业化与城镇化模式；另一方面，小城镇成为中心城区人口、产业、居住和设施外溢的空间载体，形成了中心城区扩张推动的节点城镇化[②]。

（三）珠三角小城镇发展经验

随着珠三角小城镇产业集聚效应逐渐明晰，“龙头企业+配套企业”的产业格局形成，技术密集型产业产生了更多的创新需求和对高层次技术人才的需求。产业升级转型产生了新的空间需求，人性化和多元化的生活空间、生态宜人的休憩环境以及配套完善的公共服务设施成为产业平台的必需品。

1. “三旧”改造推动小城镇更新

为改善土地低效利用现象、缓解土地供需矛盾，2009 年广东省出台《关于推进“三旧”改造促进节约集约用地的若干意见》，以期通过对“旧城镇、旧厂房、旧村庄”的改造实现经济社会形态的更新和人居环境的改善。专业镇作为“三旧”改造的重点对象，其改造以旧厂房为主，表现出以工业用地改造为主、以营利性开发为导向、以拆除重建为主要改造方式等特征[③]。

2. 专业镇空间向产业新城空间转型

以顺德北滘镇为典型，形成了从专业镇空间向产业新城空间转型的空

---

① 晁恒，邹小龙，李贵才．面向城市群的珠三角近郊型小城镇空间优化策略——以中山市沙溪镇为例［J］．现代城市研究，2018（9）：56-63.

② 晁恒，邹小龙，李贵才．面向城市群的珠三角近郊型小城镇空间优化策略——以中山市沙溪镇为例［J］．现代城市研究，2018（9）：56-63.

③ 杨舒雅，田银生．珠三角地区专业镇的形成发展与升级转型研究［J］．南方建筑，2020（1）：53-59.

间更新模式。20世纪90年代，北滘镇形成了以美的为龙头的家电产业链。2000年以来，为配合美的等企业的规模化扩张，镇政府引导建设现代化新镇区，结合企业需求，建设总部园区、发展总部经济。新城建设提升了基础设施水平，满足了企业产业转型的空间需求。

3. 产业链与技术革新推动转型升级

珠三角地区专业镇走上产业升级转型之路：提升技术创新能力，实现产品、工艺升级；发展生产性服务业，延伸产业链；产业易地转移与就地升级并进，发展总部经济；引进科技含量高的新兴产业，改变专业镇发展方式。同时，珠三角专业镇开展电子商务探索，形成“既有产业+互联网”的产业模式，出现大量淘宝村、淘宝镇，打破原有产业格局和地域限制，深度参与全国乃至全球产业分工①。

① 杨舒雅，田银生．珠三角地区专业镇的形成发展与升级转型研究［J］．南方建筑，2020（1）：53-59.

第四章　推进小城镇高质量发展基本要求

第一节　准确判断小城镇的角色定位

当前，面临复杂的国内外环境，小城镇是多项国家战略的交汇点，是新型城镇化的重要载体，是乡村振兴战略的重要支撑，是促进城乡协调发展的最佳选择，承担着乡村振兴、区域协调发展、城乡融合发展、扩大内需、构建新发展格局等重要历史使命。“十四五”时期，“小城镇发展迎来战略机遇期”。

一、小城镇仍是保持经济低成本发展的重点区域

随着我国大中城市经济迅猛发展，土地和劳动力价格快速上涨，环境保护要求不断提高，各方面的成本都在上涨。然而，与大中城市相比，小城镇在土地价格、劳动力价格等方面仍然具有天然的低成本优势。

首先，小城镇的土地价格远低于大中城市。例如，2020 年浙江海宁市长安镇工业用地出让均价为 34.9 万元/亩，而邻近的杭州市萧山区的工业土地均价为 49.7 万元/亩；同时，长安镇的商业用地均价为 130 万元/亩，萧山区则达到 535 万元/亩。低廉的土地价格使小城镇在发展产业和提供住房等方面具有很强的优势。同时，大量集体建设用地也主要分布在小城镇。土地制度改革的深入推进，也可以激发小城镇集体建设用地活力的释放。

其次，小城镇的劳动力成本低于大城市。小城镇的生活成本较低，主

要体现在居住成本方面。与大城市居高不下的房价相比，小城镇房价相对低廉，更为重要的是，建设在集体土地上的出租屋为各类人口提供了低廉的住房。调研发现，相比在城区租房，在小城镇租房成本可以节省一半左右。

二、小城镇仍是吸纳农业转移人口的重要载体

过去，我国县和县以下地区是吸纳农业转移人口的主要载体。人口普查数据显示，2000—2010年，我国县和县以下地区吸纳的城镇人口增长了77.8%，而同期地级市、省会城市和直辖市的增长速度分别为43.9%、41.4%和49.3%。从城镇人口增长的来源来看，县和县以下城镇人口的增长主要来自农业转移人口，82.4%的城镇人口增长来自农业转移人口。

小城镇在吸纳农业转移人口方面发挥了重要作用，成为容纳农村人口转移的巨大场所。1990年以来，小城镇城镇化人口占我国城镇化总人口的比重稳步上升，2018年，包含县城的小城镇镇区人口占全国城镇人口的38.3%，不含县城的一般建制镇镇区人口占全国城镇人口的19.4%。2022年，我国城镇化率达65.22%，到城镇化成熟阶段，城镇人口还将增加1.3亿人左右，主要是农业转移人口，预计小城镇仍将吸纳3000万~6000万名农业转移人口。

三、小城镇是培育中小工业企业的重要平台

从城市经济布局规律来看，当大城市发展到一定规模后，城市中心区一些附加值及产业链层次较低的企业，主要是工业企业，会因大城市中心城区成本的上升，逐渐向周边转移。而大城市周边的小城市和小城镇将会成为吸纳工业企业转移的重要载体。从我国改革开放以来的工业化进程来看，小城镇在农村孵化大量中小企业，形成了我国具有国际竞争力的制造能力，培育了一批具有竞争力的企业。

当前，大中城市的各类工业园区在产业选择上更倾向于现代新兴产业和大企业，忽视甚至排斥传统产业和中小企业；而小城镇仍然处在快速增长过程中，而且具有成本低廉的特征，对中小企业的吸引要大于排斥。从我国人口结构来看，未来就业人口中还有大量文化素质不高的农民工，适合他们就业的多为传统产业，小城镇可为这些传统产业发展提供必要的空间。从农民工返乡创业来看，小城镇也是吸纳农民工返乡创业的重要载体。

四、小城镇是深化城镇化改革的试验田

城镇化是一次深刻的社会变革。由于过去偏重经济发展，忽视经济社会的全面改革，固化的利益格局没有被打破。从人的角度来看，城镇化就是要解决农民进城问题，而农民进城就会摊薄现有城镇居民享受到的福利。最容易突破的点就是进城农民与原有城镇居民之间的福利差距最小的地方。显然，小城镇的差距要小于大城市。

在行政管理体制方面，推行“小政府，大社会”的服务模式是多年改革的目标。但是在城市，政府和居民已经习惯了由政府来包揽各项公共服务，社会服务并未充分发育；或者说在过去政府大包大揽的制度惯性下，政府退出的难度很大。而在小城镇，政府承担的服务职能更少，在一些特大镇已经出现了“小马拉大车”的特征，市场在市政建设和公共服务供给方面有更大空间，已经具备了“小政府，大社会”的雏形，推行行政管理体制改革的难度更小。

在土地制度方面，小城镇的国有建设用地比例较城市城区低，而城镇发展对建设用地需求同样强烈，因此推行建设用地制度改革的愿望更强。在设市改革方面，管理权限不足阻碍了特大镇发展活力的充分释放，只有设市才能从根本上解决这个问题。撤县设市不过是一个名称的变动，发展权限变动并不大，发展活力释放并不大。而特大镇设市后，自主权的加大

对发展的推动将更大，改革必要性更大。

改革开放以来，小城镇对城镇化改革进行了积极探索，未来小城镇仍将是深化城镇化改革的先行者。但是小城镇的改革权力在上级城市政府，小城镇改革能否真正贯彻实施也是改革深化程度的基本体现。

五、小城镇是区域协调发展的重要引擎

小城镇发展有利于推动形成工农互促、城乡互补、共同繁荣的新型工农城乡关系，推进城乡区域协调发展。连城带乡、城乡融合是小城镇发展的核心功能特征，建设与发展小城镇是补齐乡村发展滞后短板、实施乡村振兴战略的重要抓手，是实现乡村振兴的有效路径。小城镇建设有利于促进资金、技术、资源等生产要素在城乡间的双向流动，打破行政条块分割和地方保护主义，建立城乡统一市场。随着小城镇参与区域经济协作和产业国际分工的程度日益加深，通过小城镇建设，加强小城镇对外联系，促进形成网络化城镇空间结构，有助于提高小城镇区域协作，促进区域经济协调发展。

在乡村振兴战略和城乡融合发展全面推进的大背景下，小城镇发展必须适应角色转变，在城市、乡村融合发展潮流中探索自身发展道路；迅速调整与乡村互动发展的关系，借助乡村振兴战略，从产业、土地、资本等方面提高自身的资源配置能力，吸引人口回流、挖掘利用集体土地和引入多元资本，并为返乡创业人员提供必要的居住、生活条件，解除子女教育、社会保障、养老等后顾之忧。同时，作为最基层的空间单元，小城镇应该以国家空间规划重构为契机，在战略传导、底线管控、发展引领和乡村服务等方面发挥更重要的作用。

第二节　科学确定小城镇发展原则和目标

未来，应以习近平总书记关于小城镇发展的重要指示批示为根本遵循，更好地服务国家战略落地，重点围绕乡村振兴战略、区域协调发展战略、新型城镇化战略、扩大内需战略等，实施小城镇崛起战略，加快建设“就业充分、美丽宜居、特色彰显、治理有效、富有活力”的小城镇。

一、基本原则

全面贯彻新发展理念。小城镇发展要完整、准确、全面贯彻创新、协调、绿色、开放、共享的新发展理念，深刻理解其内涵，推动小城镇由偏重数量规模增加向注重质量内涵提升转变，为小城镇发展注入长久动力，实现以人为本、面向未来、环境友好、永续利用的城乡融合发展格局。

更好地服务于国家战略。小城镇作为中国城镇体系的重要组成部分，是新型城镇化与乡村振兴的重要结合点，是经济高质量发展和供给侧结构性改革的重要载体，是畅通国内大循环的重要节点。发展小城镇要以更好地服务于国家新型城镇化战略和乡村振兴战略为总目标，优化城乡人口格局，推动农业农村现代化，促进城乡要素自由流动，释放城乡融合发展和内需增长新空间。

有效增强小城镇韧性。随着城镇化进程加快，诸多城市问题相继显现，加之新冠疫情的暴发，韧性城市建设开始受到重视。党的十九届四中全会提出，“优化国家应急管理能力体系建设，提高防灾减灾救灾能力”。小城镇在发展过程中，要注重增强城镇韧性，完善应急管理基础设施建设，探索将其融入基础公共服务设施路径，不断提升小城镇社会治理体系和治理能力水平。

以服务“三农”为核心任务。小城镇处在连接农村和城市的独特地理位置，处于农村地区政治、经济、文化、商贸、信息、交通运输和技术中心的地位，是实施农村就地城镇化的主要载体，具有破解城乡二元经济的作用、解决“三农”问题的作用、吸纳农村剩余人口的“蓄水池”和“拦河坝”作用。

保护和传承好特色文化。“一方水土养一方人”，小城镇在规划发展中必须注重对地域文化的保护、传承及挖掘，唤醒当地居民的文化意识，把乡土文化的传承和挖掘视为核心工作。突出文化内涵，塑造地方特色，提高小城镇的形象和品位。

二、主要目标

“十四五”时期，小城镇发展应重点围绕“充分就业、美丽宜居、特色彰显、治理有效、富有活力”的要求，推动实现设施便利、产业集聚、环境优美、服务便捷、宜商宜业、保障无忧等目标。据此，本书提出以下目标指标。

（一）人口集中度

指标1：镇区人口集聚度。

指标内涵：建制镇镇区人口占镇域总人口的比重，可衡量小城镇镇区基本建设情况。

指标性质：预期性。

选择依据：能够直观反映小城镇集约发展情况、镇区设施配套和公共服务资源配置情况，也可以有效反映镇区对镇域人口的吸引力和辐射带动能力等。

测算方法：结合近年来我国城镇化增速、变化趋势和潜力，同时充分考虑乡村振兴、城乡融合发展等国家战略和政策对小城镇建设的促进作用，综合确定未来小城镇镇区人口增长趋势。

指标 2：镇区人口占全国城镇化总人口比重。

指标内涵：建制镇建成区常住人口占全国城镇人口的比重，用以衡量小城镇镇区人口集聚程度，反映小城镇对人口城镇化发展的贡献。

指标性质：预期性。

选择依据：小城镇在我国新型城镇化、乡村振兴、城乡融合发展等重大战略和政策中扮演着重要角色，是我国新型城镇化的重要载体，也是解决三个“1 亿人”问题、推动国家重大战略落地的重要保障。

测算方法：根据国家统计局数据，2018 年我国城镇人口为 83137 万人，另根据 2018 年《中国城乡建设统计年鉴》，2018 年我国县城人口为 15795 万人、建制镇建成区人口为 1.61 亿人。2018 年，县城人口占全国城镇人口的 19.0%，建制镇建成区人口占全国城镇人口的 19.4%。经测算，2000—2018 年，县城和建制镇城区人口占全国城镇人口的比重由 30%左右降至 19%，预计未来该比例稳定在 20%左右。

（二）人居环境

指标 3：镇区污水处理率。

指标内涵：经过处理的生活污水、工业废水量占污水排放总量的比重。

指标性质：约束性。

选择依据：根据住房城乡建设部 2016 年对全国 121 个小城镇的调查结论，污水和垃圾处理是小城镇基础设施建设的短板。

测算方法：根据 2017 年《中国城乡建设统计年鉴》，2017 年城市、县城和小城镇的污水处理率分别为 94.54%、90.21%、49.35%；根据 2018 年《中国城乡建设统计年鉴》，2018 年县城污水处理率为 91.16%。今后应致力于减少小城镇、县城与城市的污水处理率差距，目标为到 2025 年，县城污水处理率达到 92%、小城镇污水处理率达到 52%，到 2035 年，县城污水处理率达到95%、小城镇污水处理率达到55%。

指标4：镇区垃圾无害化处理率。

指标内涵：无害化处理的垃圾量占总处理垃圾量的比重。

指标性质：约束性。

选择依据：根据住房城乡建设部2016年对全国121个小城镇的调查结论，污水和垃圾处理是小城镇基础设施建设的短板。

测算方法：根据2017年《中国城乡建设统计年鉴》，2017年城市、县城和小城镇的生活垃圾无害化处理率分别为97.74%、91.00%和51.17%。今后应致力于减少小城镇、县城与城市的生活垃圾无害化处理率差距，目标为到2025年，县城生活垃圾无害化处理率达到94%、小城镇生活垃圾无害化处理率达到55%，到2035年，县城生活垃圾无害化处理率达到97%、小城镇生活垃圾无害化处理率达到60%。

指标5：镇区人均公园绿地面积。

指标内涵：城镇公园绿地面积的人均占有量。

指标性质：约束性。

选择依据：小城镇是美丽中国的重要组成部分，小城镇人均公园绿地面积可以较为直接地反映小城镇人居环境质量、宜居性和集聚发展要素的能力。

测算办法：根据2018年《中国城乡建设统计年鉴》，2018年城市、县城和小城镇的人均公园绿地面积分别为14.1平方米、12.2平方米和2.8平方米。今后应致力于减少小城镇、县城与城市的人均公园绿地面积差距，目标为到2025年，县城人均公园绿地面积达到13平方米、小城镇人均公园绿地面积达到5平方米，到2035年，县城人均公园绿地面积达到14平方米、小城镇人均公园绿地面积达到8平方米。

（三）固定资产投资

指标6：万人市政公用固定资产投资额。

指标内涵：建成区常住人口每万人市政公用设施建设固定资产投资。

指标性质：预期性。

选择依据：增加小城镇镇区基础设施人均投资，提高小城镇市政设施水平，有利于改善小城镇居民生活便捷度和生活质量，促进小城镇健康可持续发展。

测算方法：根据2018年《中国城乡建设统计年鉴》，2018年县城市政设施固定资产投资3025.96亿元，建成区人口15795万人，每万人投资1916万元；建制镇市政设施资金投入1788亿元，建成区人口1.61亿人，每万人投资1111万元。同年，城市建成区市政设施单位面积投资为4709万元/万人。城市、县城、小城镇的人均投资比为61∶25∶14。为推进小城镇、县城与城市的基础设施与公共服务均等化，相关投资应适度向小城镇与县城倾斜，三者比例向50∶30∶20靠近。

（四）产业集聚

指标7：镇区企业就业集中度。

指标内涵：年末镇区企业从业人数占镇域企业从业人数的比重。

指标性质：预期性。

选择依据：提升小城镇镇区产业集聚度，形成集聚效应，提升规模经济，促进就业人口集中于镇区，提升城镇化水平；同时企业集中于镇区，有利于镇区集中布局基础设施和公共服务设施，提升镇区城镇化质量。

（五）公共服务

指标8：千人医疗卫生机构床位数。

指标内涵：建成区每千人各级各类医疗卫生机构年底的固定实有床位。

指标性质：预期性。

选择依据：增加小城镇镇区医疗床位数投入，提高小城镇医疗设施水平，有利于改善小城镇居民生活水平并提升应对老龄化的能力，也有助于增强小城镇韧性。

指标9：小学师生比。

指标内涵：小城镇小学教师人数与在校学生人数比。

指标性质：预期性。

选择依据：教育是以人为核心的城镇化的基础，小学师生比是反映小城镇义务教育阶段教学质量的重要指标，小城镇学校建设应建立城镇义务教育资源保障长效机制，提升城镇教学能力。

（六）指标体系

表4-1　主要指标

类别	序号	指标	基期指标		目标		指标属性
			县城	建制镇	县城	建制镇	
人口集中度	1	镇区人口集聚度/%					预期性
	2	镇区人口占全国城镇化总人口比重/%					预期性
人居环境	3	镇区污水处理率/%					约束性
	4	镇区垃圾无害化处理率/%					约束性
	5	镇区人均公园绿地面积/平方米					约束性
固定资产投资	6	万人市政公用固定资产投资额/万元					预期性
产业集聚	7	镇区企业就业集中度/%					预期性
公共服务	8	千人医疗卫生机构床位数/张					预期性
	9	小学师生比					预期性

第三节　明确我国小城镇发展的重点任务

一、着力增强小城镇综合承载能力

（一）加快补齐小城镇基础设施短板

以推动城乡融合发展为契机，加快推进小城镇道路、供水、供电、停车场等基础设施建设，着力构建功能清晰、等级合理、联系便捷的路网系统，优化道路资源配置，提高道路交通出行效率，加强步行和自行车等慢行交通设施建设。积极对接高速铁路车站、高速公路匝道，加快打通与小城镇之间的联络线。加强镇区地下空间开发利用，统筹各类市政管线铺设，合理配建停车设施。全面提升供水水质，保障供水安全①。

（二）加快推动小城镇公共服务设施提档升级

综合考虑设施服务半径和辐射乡村地区的交通条件、人口密度和经济发展水平等多种因素，着力补齐小城镇公共教育设施、文化体育设施、医疗卫生设施、养老服务设施等领域存在的短板，提升小城镇服务带动农村发展的能力。统筹谋划、统筹配置、统筹建设小城镇与农村公共服务设施，推动城镇公共服务设施向周边有条件的农村延伸，实现城乡公共服务设施的共建共享。

（三）有序推进小城镇智慧化建设和管理

将智慧化新型基础设施管理网络延伸到小城镇，推动镇区范围内市政公用设施、绿化养护、镇容秩序、环境卫生、违法建设管理等纳入智慧化管理平台。选取小城镇开展实际评测工作，研究制定智慧小城镇建设评价

---

① 杨玉．推行“窄马路、密路网”道路布局［N］．河北日报，2018-09-01（02）．

标准及管理体系。

二、着力提升小城镇美丽宜居水平

（一）推进小城镇环卫设施提级扩能

加强城镇生活污水处理设施、生活垃圾无害化集中处理设施建设，着力解决好垃圾乱扔、污水乱排等问题。有序推进小城镇生活污水、垃圾处理系统向有条件的农村延伸，推动建制镇生活污水垃圾处理设施全覆盖，全面提升建制镇生活污水处理率、生活垃圾无害化处理率。合理规划小城镇公共厕所数量和布局，加快推动镇区公共厕所标准化改造和配建补建工作，确保“十四五”期间实现建制镇公共厕所全覆盖①。

（二）切实提升小城镇人居环境品质

以提升小城镇宜居性和更好地服务、带动农村发展为目标，着力增强小城镇服务和带动农村发展的能力。着力整治城镇秩序，解决地面乱堆乱放、车辆停放无序和“空中蜘蛛网”等问题。整治镇容镇貌，解决“赤膊墙、蓝色屋面”等问题。着力做好小城镇镇区“提品质、促发展、惠城乡”工作，有序开展城镇有机更新行动，推进城镇物质更新与功能更新，大力推进老旧小区改造，构建因地制宜、舒适便捷、全域覆盖、层级叠加的美丽城镇生活圈服务体系②。

（三）加快推动小城镇治理现代化

完善小城镇空间开发管控制度，强化底线约束，严格节约集约利用土地、严守生态保护红线。以山水林田湖草沙为系统，加强小城镇生态修复

---

① 贵州省人民政府办公厅．省人民政府办公厅关于加快推动特色小镇和小城镇高质量发展的实施意见（黔府办发〔2019〕20号）［EB/OL］．贵州省人民政府网．［2019-10-18］．http：//www.guizhou.gov.cn/ztzl/gzltjxxczhjsfltdczdts/zcbz/202110/t20211009_70801467.html.

② 林甲港．【建议提案精彩回放】提升城镇环境 建设美丽平阳［EB/OL］．平阳新闻网．［2018-02-07］．http：//py.66wz.com/system/2018/02/07/013236745.shtml.

和治理，促进资源节约和循环利用。建立环境卫生、城镇秩序、镇容镇貌长效治理机制，探索驻镇规划师制度、路长制、城镇管理服务外包等新模式。支持发展节能环保、清洁能源替代工程。推广绿色建筑、绿色建材和装配式建筑。运用价格调节手段促进绿色消费。推动形成绿色低碳的生产生活方式和城市建设运营模式，全面提升小城镇“宜居宜游宜业”水平。

三、着力推动小城镇特色化发展

（一）持续提升小城镇风貌品质

加强小城镇规划设计对小城镇建设的引导作用。充分挖掘小城镇历史文化、民族文化、地域文化，开展小城镇风貌管控，因地制宜将民族元素、地域风貌等融入村镇规划、建筑设计和景观打造。在建设上，小城镇要注重与自然共生，传承文脉，体现特色，尺度宜人；在景观上，向乡村看齐；在功能上，向城市看齐。镇区建筑严格按规划设计建设，风格与当地整体风貌相协调。重点镇要明确重要节点、重要街巷和重要地块的景观风貌管控要求，切实提高小城镇的可阅读性和可识别性①。

（二）着力彰显小城镇文化特质

加强山水形态、民俗民居、文化遗产的研究保护与科学利用，保护古遗址，整饬老街区，修缮老建筑，改造老厂房，利用传统村落，培育一批乡土工匠，延续历史文脉。保护和传承非物质文化遗产，推进非遗基地建设，打造一批非遗旅游经典景区、民俗文化村等②。

（三）推动美丽小城镇试点建设

遴选不同类型的小城镇开展试点工作。以美丽民居、庭院、街区、社

---

① 陈悦，朱莉芬．重庆市小城镇建设问题与对策研究［J］．发展研究，2014（12）：17-21.

② 陈曦，沈甜，陈晓逸．从“一处美”到“全域美”秀洲油车港这样打造美丽城镇［EB/OL］．浙江新闻．［2020-05-29］．https：//zj. zjol. com. cn/news. html？id＝1456299.

区、厂区、河湖、田园建设为切入点，因地制宜确定试点示范内容，明确实施主体，制定切实可行的实施步骤，细化相关政策措施。

四、着力激发小城镇发展活力

（一）完善小城镇产业配套设施

结合小城镇自身资源禀赋、本地区和周边地区现有产业结构和市场需求，充分考虑未来产业发展方向，优化小城镇功能布局，促进经济集聚集约发展。完善产业园区、特色小镇等产业平台配套设施，培育小城镇内生增长动力和造血能力，引导县域经济和农村二、三产业在小城镇集聚发展。推动交通、物流、仓储、商业、集散市场、通信网络等产业服务配套设施建设，完善用地、市政基础设施、信息基础设施保障，全面支撑小城镇产业发展。

（二）加强小城镇建设用地保障

新增建设用地年度指标适度向小城镇倾斜，在符合规划的前提下，允许集体建设用地参与小城镇开发建设。鼓励和引导涉农企业在小城镇镇区、集镇办厂。以小城镇镇区为载体，适度谋划一批有助于乡村振兴、城乡融合发展的综合性项目，提升小城镇服务居民、服务经济发展、吸纳人才、吸引大企业入驻的能力。

（三）提升小城镇服务“三农”能力

切实强化小城镇辐射带动乡村发展、促进城乡融合的作用，全面提升小城镇在集聚人口、集聚人气、支撑经济、保障民生等方面的能力。为适合当地农业资源、农村特点的产业发展留足空间，推进农业加工业、大型农贸市场、电商发展，促进现代农业产业体系、生产经营组织体系不断完善。

第五章　加快推进小城镇分类工作

第一节　分类思路和原则

一、分类思路

以习近平新时代中国特色社会主义思想为指导，全面贯彻习近平总书记关于小城镇发展的重要指示批示精神，深入践行新发展理念，以更好地服务于国家新型城镇化战略和乡村振兴战略为总目标，全面系统地梳理、分析、研究不同区域、不同区位、不同地形条件、不同资源禀赋、不同发展阶段小城镇发展的动力机制和规律性，坚持问题导向，为我国小城镇科学分类、精准施策提供决策依据，全面助推小城镇高质量发展。有基础、有特色的小城镇，应继续做大做强产业，提升城镇建设水平，成为国家工业化、城镇化的重要载体。一般小城镇，尤其是中西部地区乡镇，是县域及乡镇的行政辖区的行政管理、公共服务、商贸流通、生活聚居中心，要服务好区域需要。

（一）全面摸底调查

重体检，全面摸底调查。坚持问题导向，由点及面开展城镇体检工作。对城市体检指标数据进行全面、客观的分析评价。找准小城镇病因，发现生态宜居、城市特色、交通便捷、生活舒适、多元包容、安全韧性、城市活力、城市人居环境满意度 8 个方面存在的问题，建立问题清单，进行归纳总结和分析研判。创建城市体检试点期间每年编制年度自体检报告，建立城市体检评估信息系统，对城市体检指标实行实时监测，动态评估管理。

（二）明确分类标准

按照特大城市和区域中心城市不同的辐射带动范围，划定城市辐射带动型小城镇范围。东部及经济发达地区小城镇为非农产业推动型城镇，中西部生态、人文、矿产等特色资源型小城镇为资源禀赋依托型城镇，其他偏远地区小城镇为传统农业支撑型城镇。在城市体检的基础上，为不同类型小城镇制定解决问题的方案。

（三）动态分类评估

小城镇发展所需的项目带动要素往往较为简单，某个大型基础设施的落位、某个产业的发展都会显著改变一个城镇的发展方向。小城镇的发展类型也会随着区域格局的变化发生变迁。比如，特大城市或区域性中心城区周边小城镇会承接城市的产业转移、承担区域内部分消费功能、承担统筹城乡发展功能、承担城市群网络节点功能等，因此需要对各个小城镇实行动态分类评估，每隔 1 年重新评估类型，并适时调整小城镇的等级分类，针对相应等级精准施策。

二、分类原则

（一）多类并举

小城镇发展是全面性、系统性的，是对小城镇区域发展总体水平的概括，在对其进行分类时需考虑各种影响因素，如小城镇发展水平、主导产业、地理位置、地域环境、发展机制、人口规模等。

（二）定量定性结合

定量分析法用于对城镇多因子进行数据量化，通过一定处理、统一量纲、模型分析，对小城镇发展模式做出综合判别。同时，结合传统城镇职能、城镇发展动力等进行定性分析。例如，对于工业型、现代服务型、旅游型等特征鲜明的小城镇的发展模式、地域类型，直接用定性分类法将其从研究单元中分类处理。

（三）动态评估

在城市体检的基础上，因地制宜添加特色评估指标，对小城镇的城镇建设、产业发展、设施建设、生态环境等各个方面进行全面、客观的分析评价，针对小城镇所属的类型实行动态监测及分类。

（四）多类兼容

小城镇自身资源禀赋与外部自然、人文和政策等因素的共同作用，使小城镇具有不同的空间特征、经济特征、发展阶段、演变特征以及交通条件等具体要素特征。一个小城镇可分属不同的类型，如既属于城郊城镇，又属于工业型城镇。

第二节　分类方法与评价

一、小城镇抽样调查

结合实地调研和《中国城乡建设统计年鉴》等统计数据资料，全国每个省（自治区、直辖市）抽取 10~15 个小城镇，共计 399 个小城镇，覆盖 253 个地级行政单位 380 个县级行政单元。东、中、西部小城镇的数量结构大致为 8∶5∶7。约 30%的小城镇分布在京津冀、长江经济带、粤港澳大湾区等国家战略性经济发展区域；部分小城镇位于贫困偏远地区，12%的小城镇所在县曾为国家级贫困县，10%在边区，13%在老区；此外还有

5%的小城镇在农垦区，12%的小城镇为民族乡镇。

二、综合发展水平评价

根据能综合反映小城镇发展的人口基数、居民收入、经济发展、产业投资、产业创新、设施建设等6个方面的原则，选取镇区常住人口、生产总值、产业投资数量等18个指标（见表5-1）。运用SPSS软件对399个小城镇采用主成分分析法得到因子矩阵，取每个因子的前三位关键因子。综合考量后，共筛选出18个主要因子：镇域常住人口、镇区常住人口、镇域外来人口3个指标高度相关，主要反映小城镇的人口基础情况。居民可支配收入、产业吸纳就业人数、产业吸纳周边农民就业人数3个指标，主要反映小城镇居民收入水平。小城镇产业投资数量、产业企业数量、生产总值、人均生产总值4个指标主要反映小城镇的经济发展水平。产业总产值、产业累计投资、集聚相关企业数量3个指标高度相关，代表了小城镇的产业投资水平。科研经费投入、取得的专利数和研发技术人员数3个指标是产业创新的重要因素。市政基础设施运行维护费用和基础设施完善程度指标高度相关，代表了小城镇的设施建设水平。

表5-1　小城镇综合发展水平指标

大类	序号	单项指标
人口基础	1	镇域常住人口
	2	镇区常住人口
	3	镇域外来人口
居民收入	4	居民可支配收入
	5	产业吸纳就业人数
	6	产业吸纳周边农民就业人数
经济发展	7	产业投资数量
	8	产业企业数量
	9	生产总值
	10	人均生产总值

续表

大类	序号	单项指标
产业投资	11	产业总产值
	12	产业累计投资
	13	集聚相关企业数量
产业创新	14	科研经费投入
	15	取得的专利数
	16	研发技术人员数
设施建设	17	市政基础设计运行维护费用
	18	基础设施完善程度

得到18个主成分因子后，对399个小城镇样本进行打分。首先使用z-score标准化方法对这些指标数据进行标准化处理。z-score是基于原始数据的均值（mean）和标准差（standard deviation）对数据进行标准化分析和处理的方法。将A的原始值X使用z-score标准化到X'。如果有属性A的最大值和最小值未知或者有超出取值范围的离群数据的情况，那么运用z-score标准化方法进行处理是比较适用的。具体步骤如下：

第一步，进行各变量（指标）的算术平均值（数学期望）X_i和标准差S_i的计算。

第二步，进行标准化处理：

$$Z_{ij}=（X_{ij}-X_i）/S_i \tag{5-1}$$

其中，Z_{ij}为标准化后的变量值；X_{ij}为实际变量值。

第三步，对逆指标进行处理。

经过标准化分析和处理后的变量值会围绕0上下波动，若实际变量值高于平均水平，则标准化变量值显示大于0；反之，则标准化变量值显示小于0。

首先，对8个指标进行同趋势化处理。根据这8个指标建立原始矩阵，使用z-score法进行标准化处理，消除量纲，并避免统计数值数量级不同对结果的影响。经过标准化处理后的数据均值为0，标准差为1，符合标准正态分布。

其次，确定权重。权重是为了判定不同指标对评价结果的影响的大小，权重越大，表示该指标在评价体系中对评价结果的贡献越大。权重的科学性直接反映在评价结果上。采用德尔菲（Delphi）专家打分法（见表 5-2），请专家对评价指标进行两两比较，经过专家多轮打分后得出各因素分值，判断矩阵由此而来。权重值数值在 0~1，且与因素对小城镇成长水平的影响大小成正比，各选定因素的权重值之和等于 1。

表 5-2 专家打分标准

标度	含义
1	表示两个因素相比，具有相同重要性
3	表示两个因素相比，前者比后者稍重要
5	表示两个因素相比，前者比后者明显重要
7	表示两个因素相比，前者比后者强烈重要
9	表示两个因素相比，前者比后者极端重要
2、4、6、8	表示上述相邻判断的中间值
倒数	若因素 i 与因素 j 的重要性之比为 a_{ij}，那么因素 j 与因素 i 的重要性之比为 $a_{ji}=1/a_{ij}$

根据 18 个因子的专家权重系数表，对 399 个小城镇进行评价打分。人口基础是小城镇发展的前提，权重设为 0.18。居民收入反映当地经济发展成果，是非常重要的指标，权重设为 0.16。经济发展小城镇发展的驱动力，权重系数最高，设为 0.30。其中，生产总值和产业企业数量是对现状最直接的体现，权重分别为 0.09 和 0.08，产业投资数量情况反映未来发展潜力，权重为 0.10。产业投资和产业创新是小城镇发展的保障因素，其权重分别设为 0.14 和 0.12。设施建设关系到小城镇生活的宜居程度，权重系数为 0.10（见表 5-3）。

表 5-3　小城镇评价要素权重

一级指标	二级指标	权重
人口基础（0.18）	镇域常住人口	0.07
	镇区常住人口	0.09
	镇域外来人口	0.02
居民收入（0.16）	居民可支配收入	0.08
	产业吸纳就业人数	0.06
	产业吸纳周边农民就业人数	0.02
经济发展（0.30）	产业投资数量	0.10
	产业企业数量	0.08
	生产总值	0.09
	人均生产总值	0.03
产业投资（0.14）	产业总产值	0.05
	产业累计投资	0.04
	集聚相关企业数量	0.05
产业创新（0.12）	科研经费投入	0.05
	取得的专利数	0.03
	研发技术人员数	0.04
设施建设（0.10）	市政基础设计运行维护费用	0.02
	基础设施完善程度	0.08

通过计量分析，得到各个小城镇的综合得分，排序后得到不同发展水平的小城镇空间分布。

利用地理信息系统（GIS）中的空间分析方法对各小城镇的发展潜力总分进行分级。综合使用标准差法、几何间隔法和自然断点法进行分级的结果，发现三种方法对发展优势明显的乡镇的筛选结果较为一致，但是标准差法、几何间隔法对各项指标得分不高的乡镇区分度有限，因此以下报告自然断点法分级结果。

依据自然断点法，抽样调查的小城镇可分为以下 4 个层级。

第一层级小城镇：指标评分均较高，既具有较好的建设基础，也有可支持小城镇发展的资源禀赋。主要分布在北京、上海、广州、深圳、青岛、苏州、杭州等东部区域性中心城市周边。其中工业类小城镇占比较高，约为80%，其余主要为现代服务业类、文旅类、农旅类城镇。

第二层级小城镇：指标评分部分较高，具有良好的建设基础，但是产业发展创新性不足，以工业类、文旅类、现代服务业类城镇为主，主要分布在东部平原，以及中西部省（自治区、直辖市）政府所在地等城市周边。

第三层级小城镇：指标评分大部分较低，具有一定的建设基础和特色资源，具有一定的发展潜力。主要是中西部地区、东部山区的工业类、农旅类和文旅类城镇。

第四层级小城镇：指标评分均较低，小城镇经济实力弱，建设基础差，基础设施和公共服务缺口大，区域内也缺少可支撑小城镇发展的资源禀赋。主要是西部地区的农业类城镇。

三、全国小城镇分类

（一）城市辐射带动型

城市辐射带动型小城镇紧邻特大城市或区域中心城市，位于中心城市1小时通勤圈内，有的为近郊城镇，有的为远郊城镇。

发展特征：小城镇处于中心城区公共服务辐射范围，城镇功能比较完善。接受中心城市的文化、科技、经济等功能辐射，接受中心城市的功能疏解，同时为中心城市提供都市休闲、绿色产品供应等功能。对外来人口吸纳能力较强。三次产业由于中心城市的虹吸效应较强，难以较快发展。城市辐射带动型小城镇主要包括以工业为主导产业的工业类小城镇、以农旅业为主导产业的农旅类小城镇、以现代服务业为主导产业的现代服务类小城镇、以文旅业为主导产业的文旅类小城镇4个类别（见图5-1）。

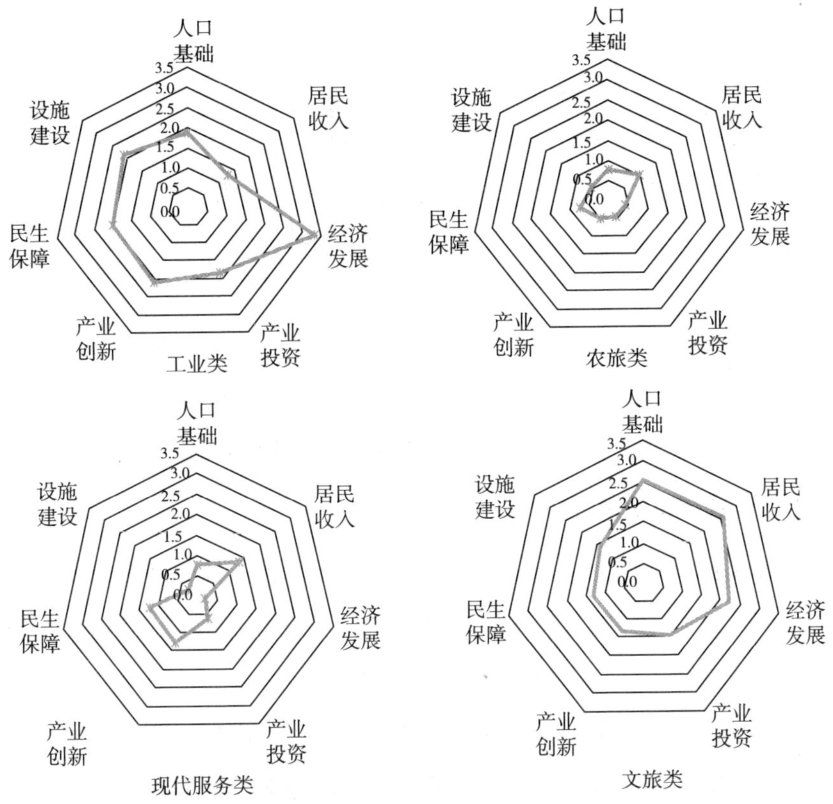

图 5-1　城市辐射带动型小城镇各项指标雷达图

（二）非农产业推动型

非农产业推动型小城镇是指都市圈范围外，非农产业发展较好的小城镇，主要分布在浙江、江苏、广东、山东等东部经济发达地区。

发展特征：小城镇制造业发达，专业化分工体系较为完善，形成了一批较具规模的乡镇企业，形成了繁荣的专业性产品和生产要素市场。第二产业的发展带动了运输、信息、商业服务等第三产业的发展，吸纳了较多的劳动力；同时，产业的发展也带动了小城镇基础设施建设和生活环境的改善。非农产业推动型小城镇主要包括工业类、现代服务类两个类别（见图 5-2）。

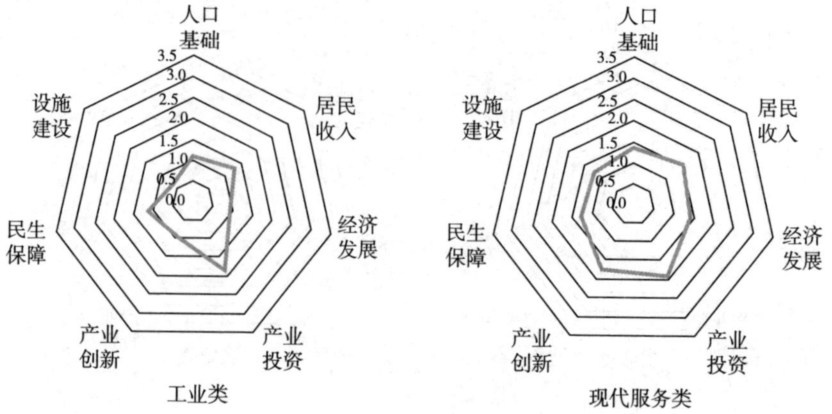

图 5-2　非农产业推动型小城镇各项指标雷达图

（三）资源禀赋依托型

资源禀赋依托型小城镇是指拥有优越生态环境、知名旅游资源、人文资源、矿产资源等独特条件的城镇。主要分布在中西部地区。该类小城镇与中心城市联系弱，与中心城市有一定距离。

发展特征：小城镇工业以资源型产业居多，生产加工型产业偏少，龙头企业带动能力弱。服务业以传统的流通和服务业、交通运输业、批发零售业为主，而为现代工业服务的金融业、通信和信息产业相当薄弱，现代化水平不高。由于中部地区有丰富的农业资源，是全国重要的农产品基地，大多数该类小城镇是农旅类城镇，并向一、二、三产业融合发展转型。资源禀赋依托型小城镇包括工业类、农旅类、现代服务类、文旅类 4 个类别（见图 5-3）。

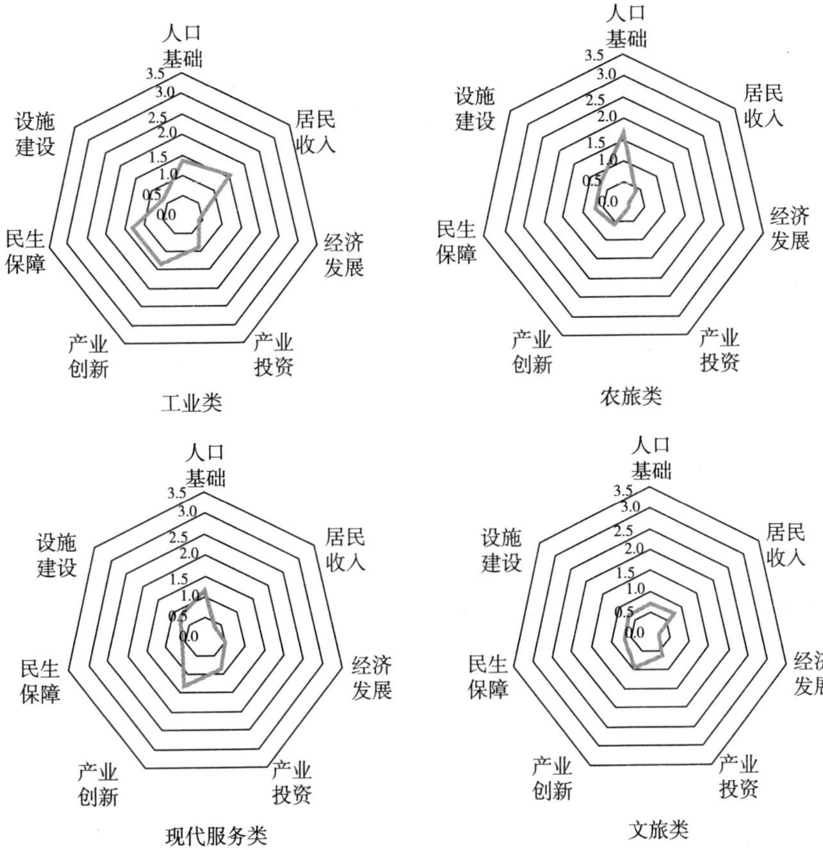

图 5-3　资源禀赋依托型小城镇各项指标雷达图

（四）传统农业支撑型

传统农业支撑型小城镇是指远离中心城市，无法接受中心城市辐射带动，以农业生产及农副产品交易为主，且没有突出的特色资源的城镇。其中，有些小城镇动力不足，逐渐衰退甚至消亡。

发展特征：该类小城镇数量和规模较小，分布分散，与中心城市联系不紧密，大多位于偏远的中西部地区。产业以农业及农业贸易为主。

第三节　分类指导小城镇发展

小城镇发展水平存在较大差异，所处的发展阶段不同，所处的地理位置不同，决定了在制定小城镇发展政策时必须坚持因地制宜、分类指导，真正做到精准施策、持续推进、逐步落实，切实发挥好小城镇在新型城镇化和乡村振兴战略中的应有作用。

一、设市发展梯队型

特大镇在激烈的市场竞争中脱颖而出，相较于一般城市和建制镇，发展更具竞争力，可持续发展能力更强。特大镇已经有了城市之实，却仍然以“镇级”管理体制的形式存在，无法获得城市之名。尽管一些地方也以“扩权强镇”等形式进行了探索，但并未消解“镇级”机构对特大镇发展的束缚，也未能实现特大镇发展质的飞跃。解决特大镇发展问题的根本途径在于设市，通过设市充分释放改革红利，推动特大镇向功能完善的中小城市方向发展。这也是新型城镇化改革的突破口。

建议：一是探索设市，对距离城市主城区较远、镇区常住人口超过5万人的特大镇，设置县级市或县辖市。二是在完善功能确保公共服务的基础上，对新设立的县级市和县辖市实行“小政府，大社会”的管理模式，根据县辖市人口规模和城镇化水平来科学设置管理机构和人员编制，机构设置也可以打破上下对应的模式。县辖市的机构编制设置要在原有县内编制总量不变的前提下，根据县辖市的实际功能需要在县内进行调整。三是县辖市作为一级政府单位，要独立地享有辖区内相关事务的管辖权，同时要积极探索城乡分治的管理模式。四是建立完善和固定的县辖市与上级政府的税收分配关系，提高县辖市在财力分配中的比重，增强财政自主权。

二、城市辐射带动型

特大城市或区域次中心城市周边小城镇的发展要充分利用好区位优势，发挥与大城市功能互补的优势。重点是把握好以下 4 个方面：一是发挥小城镇的居住功能，分担大城市外溢人口。二是吸纳大城市中心区产业转移，重点是大城市“退二进三”带来的产业转移。三是承担大城市中心区服务功能的对外转移，如教育、养老、行政等功能的外溢。四是为大城市人口消费外溢提供平台，重点发展休闲旅游相关产业。

建议：一是加快完善基础设施和公共服务设施，为承接大城市功能外溢、疏解以及人口疏解做好准备。二是大城市要将相应的基础设施和公共服务设施向这些小城镇进行延伸，特别是要完善大容量公交系统、轻轨线路建设。三是允许农民和集体经济组织在符合规划的前提下，利用集体建设用地建造公租房，改善外来人口的居住生活条件，要积极探索对利用集体建设用地建造公租屋的收入进行征税。四是鼓励小城镇利用大城市人口外溢的优势，发展与主城区功能互补、各具特色的小城镇，为城市居民居住、消费提供空间，鼓励本地农民利用自有土地积极探索发展小规模服务业。

三、非农产业推动型

该类小城镇要充分利用大城市功能疏解、腾笼换鸟的有利机会，进一步营造吸引产业的生态环境，强化人口集聚的产业基础，发挥提升带动县域经济发展的龙头作用。要加快推动“放管服”改革，进一步优化营商环境，在降成本、优环境上做文章，为优质企业、优秀人才、优质资本的引进创造条件。

建议：一是明确各级政府投资责任，改善基础设施条件，主要用于优化产业发展环境、改善公共服务设施。二是允许集体建设用地使用权出让、转让、出租、转租，允许农村集体经济组织利用集体建设用地自办或者与其他经济组织合办产业园区，进一步降低招商引资和工业开发成本。三是探索小规模用地出让方式，通过土地小规模出让建造厂房、发展服务业、建造住房等，降低产业发展和人口进城居住的门槛，让更多市场主体拥有财产权利，充分激活发展活力。四是允许已经作为长期工业用地的集体建设用地，作为银行抵押资产，盘活存量土地资产，加大金融支持力度。

四、资源禀赋依托型

该类小城镇要充分依托优越的生态环境、旅游资源、矿产资源、特色农业资源、枢纽资源等有利条件，做好资源开发利用顶层设计，优化营商环境，在招商引资、招才引智上做文章，为资源禀赋优势向经济发展优势转化创造条件。

建议：一是积极推动开发性金融机构、社会资本参与城镇基础设施、公共服务设施建设，加快改善基础设施、公共服务设施，完善城镇综合服务功能。二是探索集体建设用地同地、同权、同价入市的可行办法，允许农村集体经济组织利用集体建设用地自主或者与其他经济组织联合，开发本地生态资源、旅游资源、人文资源、特色农业资源等优势资源，进一步完善企业和集体、农户的利益联结机制。三是允许已经作为长期工业用地的集体建设用地，作为银行抵押资产，盘活存量土地资产，加大金融支持力度。

五、传统农业支撑型

对于绝大多数该类小城镇来说，还需要上级政府给予财政补助，以维持其运转，保障对农村的管理与服务职能。该类小城镇宜在维持现阶段发展规模的基础上，改善基础设施条件和公共服务水平，增强居住和公共服务功能，积极引导农民进入城镇生活定居，发挥小城镇服务“三农”的作用，有序推进就地城镇化。

建议：一是增加对小城镇公共事业发展转移支付的比例，提高公共事业发展水平，增强公共服务功能。二是通过加强基础设施建设和市场培育，完善水电路气等基础设施条件，为农副产品、手工业品的加工、贸易提供有利条件。三是健全农业技术服务网络建设，提高农业技术服务水平。四是提高小城镇与中心城市、高速高铁站点之间交通联系的便捷性，创造良好投资环境。

第六章　科学编制小城镇发展规划

第一节　科学规划是小城镇发展壮大的关键
——以保定市白沟镇为例

白沟地处京、津、保三角腹地，高碑店、雄县、容城、定兴 4 县交界，北距北京 102 千米，东至天津 108 千米，南到保定 62 千米，紧邻白洋淀、温泉城、野三坡等旅游胜地。津保高速、津保公路、津同公路、高雄公路于此交会；京开、京广公路，京深高速，京广、京九铁路等从白沟东西两侧经过。白沟镇域总面积 54.36 平方千米，建成区面积 27 平方千米，户籍人口 6.1 万人，常住人口 15.3 万人，日客流量约 10 万人次。

改革开放以来，白沟人发扬敢试、敢闯、敢为人先的精神，坚持“市场建设、城镇建设和产业发展协调发展”的基本思路，通过完善市场体系，着力营造产业品牌、环境品牌、城镇品牌，把实力做强、环境做优、形象做美、品位做高，促使白沟经济社会发展驶入了快车道。2022 年，白沟完成地区生产总值 75.6 亿元，三次产业比值为 0.4∶21∶78.6，一般公共预算收入 6.7 亿元，规模以上工业增加值 3.13 亿元，固定资产投资 27.33 亿元，社会消费品零售总额 88.8 亿元，城镇居民人均可支配收入 36670 元，市场采购贸易方式试点出口总值完成 6.48 亿美元。独具特色的“白沟经济发展模式”正在形成。

本节希望通过总结回顾白沟镇的发展历程和发展经验，为我国小城镇的发展提供一些有益的帮助。

一、白沟镇市场发展回顾

白沟始于汉，兴于明清，是历史上北方著名的水陆码头和以商品集散为主要特点的商贸城镇，数百年间保持着“日过千帆，商贾云集”的繁荣与辉煌，素有“燕南大都会”之美誉。

计划经济年代，白沟是远近闻名的穷乡。改革开放的春风，吹醒了白沟人沉睡已久的商品意识。1971 年的暮秋，白沟镇高桥村的张国清、李明新等人利用多方筹措的 250 元钱买回两捆人造革料，加工成了第一个人造革自行车座套。随后的两年，这些农民生产出了白沟第一批最简易的手提袋。就是这些简单的加工，让白沟人的箱包梦想开始扬帆远航。

1974 年，白沟人推出了第一个公文夹；1976 年，白沟人生产出了第一个学生包；1977 年，白沟人开始配置简单的五金饰件……白沟人开始拿着自己家做的简单手工制品，走南闯北，到全国各地去推销，白沟慢慢富了。

党的十一届三中全会以后，怀揣箱包梦想的白沟人以其固有的经商传统、执着的精神、不知疲倦的拼搏奋斗，使箱包产业的影响越来越大，并以高桥村为中心，以惊人的速度向周边辐射。

1980 年，个别村民开始利用集市、庙会悄悄出售自己制作的箱包。1981 年，高桥及其他村街的一些农村剩余劳动力开始从土地经营中脱离出来，形成了数量可观的家庭式专业作坊，形成了箱包加工专业户的雏形，白沟箱包市场越来越有名。多年在外奔波的白沟人回来了，由行商变坐商，并带来了全国各地的大批客户。1984 年，白沟陆续建起了白芙蓉小商品市场、箱包市场。

二、科学规划是完善市场体系的关键

面对一浪又一浪的白沟投资热，经历过市场大起大落的白沟镇政府意识到了规划的重要性。为确保白沟市场的健康科学发展，2003年，白沟镇政府请国家发展改革委城市和小城镇改革发展中心为白沟量身定制了《白沟镇社会经济发展总体规划》。随后，白沟镇政府又请有关机构制定了《白沟箱包产业集群2005—2020年发展规划》，提出了具有战略意义的“白沟模式”，即商业化—工业化—城市化—国际化“四步走”的科学发展战略，构筑起了白沟跨越式发展的基本框架。

白沟镇政府围绕“以商贸为主体，以工业为基础，集商品聚散、购物旅游、休闲娱乐等多功能于一体的现代化小城市”的城市定位，集中力量重点实施“市场升级”工程。市场升级改造的集群化效应，对产业的集聚、发展和壮大产生了强大的促动力，增强了产业的扩张力，从而壮大了城镇的经济实力。白沟箱包业正是靠白沟市场体系的不断完善而培育、发展、壮大起来的。市场的升级带动了工业化集聚，市场服务功能和集聚力的拓展，促进了乡镇企业的发展和集聚，实现了白沟工业企业的跨越式发展。同时，市场的升级带动了为其服务的交通运输业、餐饮住宿业、文化娱乐业、金融业、通信业等相关产业的发展。

三、人性化服务是推动市场升级的重要力量

通过对国内外同类市场以及白沟市场发展现状的分析比较，白沟镇经济社会发展规划中明确提出，白沟市场在升级改造过程中，必须突出“人性化”概念，积极打造“中国北方第一大购物天堂”和“中国精品名城”。一是树立人性化理念，坚持以人为本，充分考虑人的需求，积极构筑“人性化白沟”的城市形象。二是完善人性化设施，在市场建设和改造过程中，增添休闲座椅、餐饮及休闲娱乐设施，为顾客营造舒适的购物环境。三是加强人性化管理，组织实施高等院校在白沟建立实习基地和培训基地，为白沟提供人才信息资源，在人才资源管理、培训、咨询等方面提供智力支持，同时，每月聘请专家、教授为机关干部、企业、商户进行培

训。四是提高人性化服务水平，在市场中全面推广“三声”服务标准——“来有迎声，问有答声，走有送声”，做到贴心服务，细心服务；同时，举办法律、法规、商业企业管理、市场营销知识培训班，提高商户素质，规范商户经营行为。五是创优人性化环境，在执法部门中开展行风评议活动，杜绝“吃拿卡要”和“三乱”行为，成立优化环境办公室，每月组织部门和市场监督员召开优化环境座谈会，进一步优化白沟的投资环境。六是弘扬人性化文化，白沟专门成立了旅游文化办公室，从多角度挖掘白沟的历史文化、箱包文化、企业文化、市场文化，提高产品的文化含量，并投资5000万元建起了文化广场。

白沟市场优良的环境和大开放的氛围产生了强大的吸引力，白沟市场正在从第二、第三代市场向第四、第五代市场迈进。

四、诚信和品牌是白沟市场稳定健康发展的后盾

“诚信”是市场准入的通行证，显示着企业、商户的道德水准。在市场建设中，白沟镇提出“扬善、律己、疏导、法制”，努力打造“诚信白沟”品牌。

在研究制定白沟发展规划时，把创建品牌市场列为整顿和规范市场经济秩序的重要内容，作为实现跨越式发展的重要思路。规划对策之一，明确了向优秀同行学习取经的整改思路。在这一思想指导下，白沟镇各界通过“走出去”学习考察，从比较和对照中切实感到：品牌是走向世界市场的准入证，是赢得消费者认可的信用证，维护品牌的信誉会赢得巨大的效益。规划对策之二，下大力气抓市场经济秩序的整顿和规范。为此，白沟镇政府明确要求所有企业和商户对无品牌和假冒伪劣商品坚决做到“三不”——不生产、不购进、不销售。限制无品牌商品上市，打击假冒伪劣，对名牌店予以政策支持和大力宣传，形成对品牌经营的强力推动之势。在规划指导下，通过政府及社会各界的共同努力，“品牌热”已成为

白沟前所未有的共识。到 2003 年，全镇注册商标品牌就达 1200 多个，极大增强了产品的竞争力，白沟箱包在全国市场占有率达 36%，“三北”市场占有率达 56%。

同时，白沟以大开放的理念、宽松的环境、先进的流通业态，吸引了国内外 4000 多个知名品牌在白沟开设了 2000 多家直销店。现在的白沟市场，中外名牌荟萃，名牌专卖店、直销店、精品屋鳞次栉比，形成了白沟商品“同等质量价格最低，同等价格质量最好”的独特优势。

在诚信市场的建设上，白沟发展规划明确提出，白沟镇政府要按照“扬善、律己、疏导、法制”的八字原则，大力整顿和规范市场经济秩序，严厉打击有悖于诚信的违法行为，弘扬诚实守信的社会风气，建立社会信用体系，强化市场的信用意识，严格兑现政府的各种承诺，努力打造“诚信白沟”的城镇品牌。

“白沟之所以能有今天，关键在于重树了市场信誉。”时任白沟·白洋淀温泉城管委会副主任兼白沟镇党委书记李洪强说，“诚信，让白沟市场从无序走向有序；品牌，让白沟市场重新崛起。”依靠“诚信”和“品牌”，白沟市场赢得了全国乃至世界的认可，也为白沟发展奠定了坚实基础。

第二节　加强小城镇规划与管理

小城镇在我国城镇化的进程中扮演着举足轻重的角色，小城镇建设的好坏直接关系到全国大多数人的利益。如何为这一社会群体创造一个良好的生活、生产环境，一直是党和政府关注的重大问题。作为小城镇建设的龙头，规划的作用至关重要。

规划越来越得到各级政府的重视。与此相比，目前规划管理工作仍明显滞后，无论是在管理体制、机构设置，还是在管理权限等方面，都存在诸多问题。这些问题严重影响和阻碍了小城镇的健康发展。为了更好地发挥规划的作用，稳步推进小城镇建设，提高小城镇建设整体水平，理顺小城镇规划建设管理体制成为一项势在必行的工作。

一、小城镇规划管理的现状

小城镇规划管理，主要是对小城镇各项建设进行规划管理，其目的是保障小城镇各项建设都准确无误地按照经批准的小城镇规划实施。具体来说，就是规划行政主管部门依据经法定程序批准的小城镇规划和相关法律法规，通过行政的、法制的、经济的和社会的管理手段，对小城镇土地的使用和各项建设活动进行控制、引导、调节和监督，使之纳入城乡一体化协调发展的规划建设轨道。

目前，我国小城镇规划管理与村镇建设管理的要求有较大差距，对规划建设工作的正常进行影响很大。时任建设部副部长仇保兴曾在全国规划年会上指出："近些年来，我们的城市规划工作有了很大进展，但总体上还跟不上改革开放、经济发展的要求。"而在那些地处偏远、经济落后的小城镇，规划工作的现状更是不尽如人意。当前小城镇的规划工作还停滞在简单的物质规划阶段，在物质规划阶段中又处于比较低的层面上。从编制、审批到最终实施等各个阶段，不够科学合理且相对滞后（特别是详细规划的编制工作），审批工作不够严肃，远达不到公开、公平、公正的要求。行政水平、执法水平不高，对违章建筑的处理没有切实有效的措施。尽管规划工作已经取得了很多成绩，但我们必须看到的是，目前小城镇规划工作的现状与规划工作本身的要求还有着很大的差距。

以天津市某镇为例。随着楼房化进程的加快，该镇的面貌发生了很大的变化，但并不能掩盖其布局分散、城镇功能分区混乱、基础设施配套不完善等问题。其原因主要在于：①传统管理模式制约。在传统的管理模式下，有时以集体名义调整规划，甚至发生与市场经济发展规律不相协调的事情；有时会出现轻视规划约束，在规划允许范围之外搞建设的状况。②行政干预。个别人、个别单位、个别村借用上一级领导的一句话，下一道指令就可以突破任何规划。③镇级领导班子频繁调整。镇级领导班子频繁更换导致对原有的规划情况不了解，不熟悉。④缺乏完整规范系统的规划管理机制。对突破规划的各种行为和举措没有遏制的手段和办法。

事实上，该镇是有规划的，但由于规划管理不到位，规划未能认真实施，不仅为该镇进一步发展制造了障碍，还使群众对规划产生了不好的印象。该镇曾流传这样一句话："规划'鬼话'墙上挂，干的干，画的画，谁都不影响谁干啥。"规划的严肃性受到很大挑战。这些现象表面上看是一些人为了眼前的一点儿集体利益、个人利益、部落村情范围利益，急功近利，随意篡改规划，但实质上暴露了目前规划管理工作的不足。管理体制与机构设置不统一、城镇建设规模与管理机构设置不配套、管理机制与管理制度不统一，是目前问题的真正原因。

再看一下山东省某市的情况。近年来，某市村镇规划管理工作虽然取得了较为显著的成绩，但仍然存在一些不容忽视的问题。首先，乡镇一级大部分设有"建设土地环保所"等机构，但是一个机构承担规划、建设、土地、环保、交通等多个部门的职能（大多依靠土地职能支撑），多数人员力量不足，基本是兼职，几乎没有专业人员，专业素质低；大部分为自收自支事业单位，人员工资无着落，机构运转艰难。这与量大面广、任务艰巨的村镇规划建设管理工作非常不适应。其次，乡镇没有规划建设的执法权，对于出现的违法工程，申请上级部门或法院执行的周期一般较长，对建设周期较短的违法工程在管理上常常感到无能为力。最后，未批先建、少批多建等现象较为严重。许多乡镇驻地工业园区、公共设施等建设项目，大多是在办理土地征用手续时受土地部门办理程序的制约，才到规划建设部门补办规划建设手续；而不需要新办理土地征用手续的建设项目，基本不办理规划建设手续。许多村庄规划实施和管理力度不大，不少村干部对村庄规划建设认识不够，不按规划的要求建设，随意性大，再加上许多村干部更换频繁，规划实施缺乏连续性。村民建房，按规定应先由规划建设部门办理村镇规划选址意见书和村镇建筑许可证（“一书一证”），但大部分建设是在办理土地手续时补发“一书一证”，村庄建设管理无序。诸如此类问题致使小城镇建设过程中违法建设的工程屡见不鲜。

二、小城镇规划管理体制与机构

（一）规划管理体制

我国现行规划管理体制在各地的具体情况不完全一致。大部分地方的情况是，县建设行政主管部门（县建设委员会或县建设局）作为县政府职能部门负责全县的建设管理工作。县建设行政主管部门内设乡镇建设管理科室，履行对县以下乡镇建设管理的工作职责，具体负责全县乡镇规划建设管理工作的业务指导，负责审核发放建制镇规划区内单位和个人建设的“一书两证”（村镇建设选址意见书、村镇建设用地规划许可证、城镇建设工程许可证）。县城市规划行政主管部门负责县政府所在地镇的规划建设管理工作。

（二）镇级规划管理的机构设置与职责

目前，乡镇一级的规划管理机构，一般只设城建办或类似的办公室，设村镇建设助理若干人。以哈尔滨市某镇为例，该镇的规划机构为城建办公室，仅设主任（或称城建助理）一人，再无其他人员。镇规划管理机构主要从事的日常性管理工作包括协助报批发放建制镇规划区内“一书两证”，村庄集镇规划区内的“一书一证”等。

三、小城镇规划管理中的主要问题

（一）管理体制的问题

目前规划管理体制与机构设置不统一，还有一些地方同一个地级市内的管理机构和体制不一致，使得规划管理部门很难更好地履行政府管理城市的职能，给乡镇规划建设管理带来很大的困难。当前，县级行政主管部门大多是在业务上给予镇里一定指导，而具体的行政管理工作则由镇城建办负责。在实际工作中，这恰恰是任务最繁重的。镇城建办不仅要负责镇区内道路、绿化、上下水、路灯、市容管理、环卫等基础设施的建设、管理、维护工作，还要代表乡镇政府对本镇规划实施进行监督。仅就目前的机构设置、人员编制及经费来源情况来看，是远远不够的。另外，在规划管理权限上也存在一定的制约。从哈尔滨某镇的情况来看，该镇的上级政府决定，在该镇所在地和长寿路两侧建房，由建设局负责规划，该镇负责管理；开发区内村屯建房，由开发区负责规划，该镇负责管理。这样，除其他村屯外，该镇在全镇范围内没有规划审批权，却有管理责任，给日常的管理工作带来很大难度。

（二）执法主体不统一，执法过程和范围条块分割

执法主体不统一以及执法过程和范围条块分割，使违法建设查处难度很大。按《中华人民共和国城乡规划法》（以下简称《规划法》）、《村庄和集镇规划建设管理条例》、《建制镇规划建设管理办法》的规定，查处违法建设的执法主体是县规划行政主管部门和县建设行政主管部门。实际上，规划行政主管部门只在县城执法行使处罚权。乡镇违法建设的处罚权在县建设行政主管部门，具体负责操作实施乡镇规划的乡镇建设行政主管部门没有对违法建设的行政处罚权。

县建设行政主管部门一方面要面对乡镇违法审批的违法建设，另一方

面要面对违反规划拒不执行“一书两证”或“一书一证”的违法建设。由于县建设行政主管部门人少面广，对违法建设一例查处不力，就会造成违法建设像瘟疫般蔓延。加之有的违法审批的建设项目有乡镇的庇护，规划的权威和形象在县以下实施中大打折扣。

（三）人员编制与经费来源不足

乡镇政府对规划建设管理工作的重视不足，使小城镇规划编制不能满足工作的需要，而且没有稳定的经费来源。在这种情况下，很难拿出经费去进行人员的业务培训与交流，以至于乡镇建设管理人员素质参差不齐，专业人才奇缺，影响了小城镇建设管理工作的顺利开展。还是以哈尔滨某镇为例，该镇域内的某省级经济开发区建设如火如荼，该镇的各项建设也都围绕着开发区进行，很难想象这样的建设场面仅靠目前镇里的管理机构去实施管理会取得怎样的效果。在既缺编制，又少经费，同时权限不足的情况下，怎么能开展好工作?

（四）小城镇规划管理干部队伍素质不高

当前，许多小城镇没有专业化的管理人员，规划管理干部队伍素质难以适应小城镇快速发展的需要，应通过适当引进和加强培训来提高规划管理干部队伍的素质。有些管理人员缺乏应有的规划专业知识和经济社会发展知识，业务不精，城镇定位、发展方向、规模、目标不懂，规划意图、规划理念不熟，思想保守，工作机械，有的甚至基本规划管理常识都不懂，毫无规划服务意识。在哈尔滨某镇调研时，当地主管城建的干部反映，在乡镇政府，根本没有规划管理的专业人员，上级部门也很少组织现有规划管理人员进行在岗培训，导致规划专业人才少，从事规划管理的人员大都属于非专业人员，缺乏专业知识，希望能够加强镇级规划管理机构建设、增设人员、加强业务培训、提高人员的专业知识水平。

四、加强小城镇规划管理基本方略

（一）建立健全小城镇规划建设的多层次管理机构

除了按《规划法》的规定，县级以上人民政府要组织由政府主要领导、相关部门负责人、专家组成的小城镇规划建设协调机构，并通过同级政府城乡规划建设行政主管部门切实抓好小城镇规划编制与实施的管理工作。镇级人民政府也应建立健全规划建设管理机构。机构要精干高效，人员要纳入编制，要建立相应的工作制度，明确岗位责任。在规划管理体制方面，县级及县级以上行政主管部门要在业务指导与和行政管理上与镇级建设主管部门做出相对明确的责权划分，便于镇级建设主管部门更好地服务于城镇建设。

（二）建立一支高素质的规划管理干部队伍

规划管理不同于一般的行政事务管理，专业性、政策性很强，既有严格的管制性内容，又有一定的弹性。这就要求规划管理人员有良好的政治觉悟和专业素质，能够动态地引导城镇向综合效益良好的方向发展。

（三）统一执法主体

在县以下规划实施管理的执法主体统一为县规划行政主管部门。组织成立乡镇规划分局，直接归口县规划行政主管部门管理，代表县规划行政主管部门行使《规划法》赋予的权利，负责全县建制镇、集镇、村庄规划区内单位和个人建设的规划实施管理工作，查处违法建设。

（四）建立以镇人民代表大会为主的严格的规划管理制度

规划的修编与调整要通过镇人民代表大会，使全镇总体规划受到《规划法》以及规划管理制度和管理规则的保护。杜绝利用各种关系、行政指令等手段违背、肆意变动总体规划，确保总体规划能够真正以法律的形式约束指导小城镇建设。

第三节　科学预测小城镇人口规模

——以天津市西青区中北镇为例*

人口分析及预测是科学编制城镇规划的前提和基础。然而，由于城镇用地规模的确定是基于人口规模和国家相关规范，一些城镇政府常常通过扩大人口规模达到增加城镇用地规模的目的。在此背景下，规划师们的工作变成了为地方政府下达的人口规模目标寻找“科学依据”、验证“被增长”的人口规模，人口分析和预测失去了应有的意义。因此，科学预测城镇人口规模，并为科学制定城镇规划提供依据，促进政府合理配置公共资源、提供公共服务、协调各种利益关系等，就成为城镇规划过程中迫切需要解决的问题。

一、人口增长与就业的关系

经济因素是影响人口流动的主导因素，也是最为活跃的因素。西方著名经济学家汉森认为，促成经济进步的因素主要有 3 个：发明、新领土与新资源的发现和开发、人口增长。各个地区之间经济发展水平的差异、产业结构的调整、就业需求的变化等，都会对人口流动产生影响。城镇人口增长的根本动因来自就业岗位的增加。随着工业化和城镇化的迅猛发展，我国大部分城镇已经进入或者正在进入城镇化快速发展期，更增加了城镇发展对劳动力需求的不确定性。所以，准确把握劳动力变动的趋势，是科学分析预测城镇人口规模和结构的前提。

* 本节数据旨在演示基础就业法在实践中的应用，仅供参考，非统计数据。

二、基础就业法简介

根据地理学中克里斯塔勒和廖什的基本理论以及劳瑞（Lowry）模型，并依据经济基础理论，我们可以把城市经济分为两类产业：基础产业和非基础产业。前者生产提供给城市之外地区消费的产品和服务，是城市经济发展的动力，而后者生产提供给城市居民消费的产品和服务。具体而言：①基础产业由服务于本地区以外的工业行业和部门组成，因而完全依赖于外部因素。制造业和当地以资源开发为导向的产业经常被视为基础产业。②非基础产业由依赖于当地经济环境的企业组成。比如，服务对象为当地居民、企业和个人的商业、服务业、地方政府机关、中小学等，与居民生活密切相关的部分。它的客户是本地的，产品也是本地消耗，几乎所有当地服务业（如洗衣店、饭店和药店）都被认为是非基础产业。

相应地，城市就业也分为两大类：基础产业就业和非基础产业就业。根据经济基础理论，城镇总就业人数（E）等于基础产业就业人数（E_b）加上非基础产业就业人数（E_{nb}）：

$$E=E_b+E_{nb} \tag{6-1}$$

令 $\gamma=\frac{E_{nb}}{E}$，γ 为非基础产业就业人数占总就业人数的比例。

将 $\gamma=\frac{E_{nb}}{E}$ 代入式（6-1），通过替代式（6-1）中的 E_{nb} 可得：

$$E=\frac{1}{1-\gamma}E_b \tag{6-2}$$

因而，城市总就业人数等于基础产业就业人数的倍数，这个倍数就是 $\frac{1}{1-\gamma}$，也就是基础乘数。

在此基础上，根据城镇的经济发展规律和预测目标、人均产值的增长规律、基础产业就业规模、就业总规模、就业人口占总人口的比重等，综合确定不同发展阶段的人口规模。我们把这种人口预测方法称为基础就业法。

三、基础就业法典型应用

根据基础就业法，本节运用经济基础分析方法来对中北镇的基础产业就业规模与人口规模进行分析和判断，以此对未来基础产业就业规模和人口规模进行预测，从而为中北镇的城镇发展规划奠定科学的基础。

分析思路：第一步，用区位商测算现状基础产业就业量和基础乘数；第二步，用反推法，以实现目标总产值为前提，分行业推算出基础产业就业及就业总量，最后测算出未来总人口规模。

（一）中北镇现状基础产业就业分析

中北镇作为天津市经济社会发展的重要组成部分，承接转移疏解天津城区人口、集聚产业、衔接产业配套等功能。另外，考虑到利用区位商分析基础产业和非基础产业需要满足的条件，用区位商测算中北镇现状基础就业时应将其置于天津市整个区域内来考察。

区位商计算公式：

$$LQ_i = \frac{e_i/e_t}{E_i/E_t} \tag{6-3}$$

其中，LQ_i 为 i 工业行业的区位商；e_i 为城市 i 工业行业的就业量；e_t 为城市总就业量；E_i 为区域内 i 工业行业的就业量；E_t 为区域内就业总量。根据区位商的值，可以确定中北镇工业行业的专业化水平。一般情况下，以 $LQ_i=1$ 为参照系，$LQ_i>1$ 意味着该行业从业人员中有一部分是基础产业就业；$LQ_i<1$ 意味着该行业从业人员都是非基础产业就业。

在工业行业中满足本地需求的就业人数为：

$$s_i = \frac{E_i}{E_t} \cdot e_t \tag{6-4}$$

行业中的基础产业就业为：

$$x_i = e_i - \frac{E_i}{E_t} \cdot e_t \tag{6-5}$$

根据以上公式，我们可以计算得出中北镇基础产业就业情况（见表6-1）。

表6-1 2008年中北镇区位商计算

指标	中北镇就业量/万人	占比/%	天津就业量/万人	占比/%	区位商	基础产业就业/万人	基础乘数
制造业	2.77	63.50	205.7	31.78	2.00	1.39	
建筑业	0.03	0.76	46.6	7.20	0.11		
交通运输仓储业	0.58	13.26	48.5	7.49	1.77	0.25	
批发零售贸易业	0.19	4.27	81.5	12.59	0.34		
房地产业	0.16	3.72	5.8	0.90	4.15	0.12	
全部就业量	4.37		647.32			1.76	2.48
修正值						2.54	1.72

根据经济基础理论，中北镇制造业、交通运输仓储业和房地产业均属于基础产业，2008年基础就业量为1.76万人，基础乘数2.48。考虑到中北镇的发展实际，以汽车、电子、精密机械主导的制造业为例，三大行业均服务于本地区以外的行业，属典型的基础产业。我们需要对现状基础产业就业进行修正，根据经验判断，中北镇制造业从业人员中有85%应属基础产业就业，另外两个基础产业均按50%来计算，据此，2008年中北镇基础产业就业为2.54万人，基础乘数为1.72。

（二）中北镇未来基础产业就业与人口规模测算

对中北镇未来基础产业就业，我们运用生产函数反推法进行预测。以2015年总产值实现500亿元的预期发展目标，遵循对基础产业产值向上打折而对非基础产业向下打折的原则，对中北镇未来基础产业就业进行预测。具体步骤如下：

第一步，根据2008年行业产值和行业就业量计算出分行业人均产值。

第二步，根据恒定比例法测算出目标行业产值，以过去3年人均行业增加值的平均水平测算出目标人均行业产值。

第三步，根据目标行业产值和目标人均行业产值测算出未来就业总量，再根据基础乘数测算出基础产业就业。

如表6-2所示，中北镇2015年就业量为10.51万人，按照基础乘数为1.72来计算，则2015年基础产业就业为6.11万人。

表6-2 中北镇2015年总就业量预测

行业	2008年				2015年		
	总产值		就业量/万人	人均产值/万元	总产值/亿元	人均产值/万元	就业量/万人
	金额/亿元	占比/%					
制造业	96.00	61.93	2.77	34.61	371.59	57.01	6.52
建筑业	5.31	3.43	0.03	158.98	20.55	181.38	0.12
交通运输仓储业	10.94	7.06	0.58	18.89	42.35	34.29	1.24
批发零售贸易业	17.76	11.46	0.19	95.33	68.74	110.73	0.62
房地产业	4.38	2.83	0.16	26.94	16.95	42.32	0.42
其他行业	20.10	13.30	0.64	31.40	79.82	50.30	1.59
合计	154.49	—	4.37	—	600.00	—	10.51

注：2005—2008年，工业人均社会总产值年均增长3.2万元；服务业年均增长2.2万元。表中制造业、建筑业均以年增长3.2万元计算，交通运输仓储业、批发零售贸易业、房地产业均以年增长2.2万元计算，其他行业取上述两值的算术平均值2.7万元。

根据表6-2中数据，2008年中北镇常住人口近10万人，就业量为4.37万人，就业量占总人口的比重为43.7%；根据这一比重，2015年中北镇就业量为10.51万人，则总人口约为24万人。

四、基础就业法的优点与不足

（一）基础就业法的优点

劳动力是城镇经济发展的基础，也是城镇人口规模增长的主要动力。因此，城镇规划方案的制定一定要充分考虑该城镇所能提供的就业机会数量，以及城镇产业布局和产业结构与吸纳就业、促进城镇化的关系。唯有如此，规划才可以成为一个真正有用的规划，才可以为科学发展提供保障。而这一点恰恰是目前很多人口分析预测方法欠缺或者没有做的。基础就业法正是从就业岗位需求与人口增长的关系入手，把城镇经济增长、产业发展与就业需求作为一个整体来分析，能够较好地解决城镇就业岗位不足、人口规模盲目扩大、土地城镇化快于人口城镇化等一系列问题。同时，还可以为城镇产业结构调整、产业布局等提供参考。

（二）基础就业法的不足

从基础就业法在中北镇规划中的运用来看，很显然，基础就业法更多的是从规模角度分析预测人口，而缺少对中北镇人口构成特征的分析。所以，在利用基础就业法对中北镇的人口规模进行分析后，还要对中北镇人口的构成特征进行分析，并结合其构成特征和空间分布特征，对中北镇的财政、土地等公共资源配置提出相应建议或规划安排。

事实上，没有一种人口分析预测方法是通用的、完全科学的，任何一种方法都有其适用条件。因此，在进行城镇人口预测时，必须对该城镇所处的发展阶段、成长趋势、区位条件、外来人口变化情况等进行综合分析，并据此选择适合的人口预测方法。最重要的是，作为一名规划研究人员，一定要有坚定的社会责任感，要保证分析结果客观、全面和可应用。也就是说，不仅要对人口规模进行科学、客观的分析，还要对人口的构成特征、空间分布特征等进行分析，并用分析结果指导后续工作，为地方政府编制真正有用的规划。

第四节　加强小城镇规划编制与实施评价

随着我国城镇化进程的加快，小城镇发展中的矛盾暴露得比以往任何时期都更加全面、尖锐、深刻。这就要求小城镇规划必须与新的发展环境相适应，肩负起推动小城镇健康发展、促进乡村振兴和城乡融合发展的重任。

值得关注的是，目前我国小城镇规划中存在的种种矛盾和问题严重制约了小城镇的发展，其中有规划编制方面的，也有规划实施方面的。具体表现为规划编制质量差、建设不按经编制批准的规划实施、前后两轮规划严重脱节、不同编制阶段的规划互不衔接、前一轮规划的经验教训不能及时反馈吸收并为优化下一轮规划服务，大大削减了规划对小城镇建设的指导意义。低水平的规划必然导致小城镇建设资金的严重浪费。上述问题的原因之一就在于，没有一套科学的评价标准来对规划编制和实施效果进行考量，并以此为规划的编制者与实施者提供指导和约束。为了尽快解决上述问题，使小城镇规划发挥应有作用，建立一套科学的小城镇规划评价体系就成为一项迫切任务。

一、评价指标体系

目前，小城镇规划评价存在的问题主要有机构的组织形式和运作方式随意性大；评价标准不够科学；规划评价大多较笼统，缺乏具体的可操作性的结论。针对以上问题，笔者认为小城镇规划评价可采用定性与定量相结合的办法，从规划编制、规划实施和综合评价 3 个方面对规划成果进行考量，以提高规划指导性和可实施性，同时增强规划编制单位的自律、自检意识，进而引导规划政策的改革和完善。为此，本节构建以下规划评价指标体系，以期能够起到抛砖引玉的作用。

（一）基本原则

可操作性原则。指标的选取应便于操作，易于获取评价所需的数据。

综合单项兼顾原则。指标体系应全面反映规划编制与实施等各个方面的情况。

相关分析和层次分析并重原则。小城镇是一个复杂的系统，其评价指标体系应尽可能准确反映各个指标对规划编制及其实施的重要程度以及它们之间的关联度。

（二）评价方法

相关分析和层次分析相结合。小城镇规划编制与实施评价的内容多且涉及面广，评价指标的选取需要考虑的因素也非常多，故本节采用相关分析和层次分析相结合的方法，建立树状的关系结构，运用目标层次分类展开法，将目标按逻辑分类向下展开为若干子目标，再把各个子目标分别向下展开成分目标或准则。依此类推，直到可定量或可进行定性分析（指标层）为止，使选取的指标既有层次性又有相关性。

咨询验证法。首先，调查了解当前小城镇规划编制与实施存在的问题，剖析其产生原因，遵循指标体系的构建原则初步设定评价指标体系。其次，选择熟悉社会经济发展水平和规划建设发展趋势的专家组成咨询团；专家们在充分审阅相关资料的前提下，分别根据各自认可的各指标的适合性及重要性给出其相对标度；再根据各专家的评定结果，汇总、分析，初步筛选出可取指标。最后，征求有关政府行政主管部门的意见，同时向社会公示，听取各界群众的意见。在集思广益的基础上对指标体系的设定做出必要的调整，并进行实例分析，验证指标体系的合理性和科学性。

在上述系列工作的基础上，最终确定评价指标体系。

（三）规划编制评价指标体系

该指标体系主要是针对规划编制进行的评价，其评价指标包括：

规划编制的规范性。主要对规划成果的表达、编制依据及规划编制单位资质的可靠性等方面进行评价。包含 8 个二级评价因子：编制或修编理由的充分性，编制者资质是否合格，规划编制程序是否规范，编制依据是否可靠，编制选用的技术标准是否恰当，规划编制的质量保障措施，成果表达是否合格，规划方案的公示情况。

规划编制的科学合理性。主要从工程技术和规划的社会性等角度来评价规划方案在实际建设中的可行性。包含 5 个二级评价因子：规划与现状的兼容性，减免规划实施过程对环境的负面影响，规划能否促进“三农”问题的解决，规划成果的节地情况，规划对小城镇和村庄建设发展的引导作用。

规划成果的经济性。主要从经济学角度判断规划是否符合城市经济实力，是否能为当地发展创造更多的经济机遇与效益等。包含 3 个二级评价因子：规划方案是否符合当地的经济条件，规划方案实施的投资—效益分析，规划方案分期实施的技术经济分析。

规划成果的地方性。主要是从规划是否体现小城镇的伦理观念、审美情趣等地方特色方面评价。包含 2 个二级评价因子：规划成果与当地民俗和历史传统的兼容性，规划成果与地方特色风貌的融合性。

规划成果的创新性。主要是对编制技术、规划实施对策等的创新性进行评价。包含 3 个二级评价因子：规划编制技术的创新，规划理念的创新，规划实施对策的创新。

规划成果的前瞻性。主要从规划方案对未来和世界城镇体系接轨及经济全球化等的应对方面来评价。包含 3 个二级评价因子：规划对小城镇发展方向的战略分析，规划对区域影响的考虑，对未来城镇发展环境变化的分析。

（四）规划实施评价指标体系

规划实施评价是指规划方案批准实施后，由规划编制单位的项目负责人与规划管理单位的相关执行人联合组成规划跟踪调研小组，对规划运行情况及实施后的效果进行综合评定，其评价可从以下几个方面进行：

规划实施措施的有效性。包括4个二级评价因子：建设资金的支持情况，规划实施的法律支持情况、政策支持情况、管理制度支持情况。

规划实施过程的合理性。主要是对规划成果实施过程的合理性进行评价，包括4个二级评价因子：项目建设的先后顺序是否合理，规划实施时序的合理性，规划实施监督机制运作情况，规划落实情况信息反馈的及时性。

规划实施的成功程度。主要是对规划方案落实情况进行评价，包括3个二级评价因子：规划成果的实施率，规划成果的优化，对小城镇发展规划修编的贡献。

规划实施对当地环境造成的影响。主要是对规划实施过程中产生的环境变化进行评价，包括3个二级评价因子：规划实施期间污染物的排放量变化，对环境造成影响的时空范围，区域生态环境质量的改善情况。

二、确定指标的权重系数

权重系数的大小具有较强的导向性，不仅直接影响评价结果，还会对小城镇的发展方向和规划的编制重点产生重大影响。本节评价指标体系中权重系数确定的基本方法：由熟悉社会经济发展水平和规划建设发展趋势的专家组成评审团，在充分审阅相关资料和必要的实态观察的前提下，根据心理学家提出的“人区分信息等级的极限能力为‘7±2’”的研究结论，引入五分位的相对重要的比例标度。专家根据各自认为的各个指标的重要性给出其相对标度，构成一个判断矩阵 $\boldsymbol{B}$。当多个专家分别给定判断矩阵，且分别通过一致性检验后，运用几何平均法将专家意见综合平均，即得到最终的指标评价判断矩阵。最后通过以下方法计算出指标权重。

第一步，计算判断矩阵 $\boldsymbol{B}$ 每一行元素的积 M_i。

$$M_i = \prod_{j=1}^{n} b_{ij} \quad (i=1,\ 2,\ 3,\ \cdots,\ n) \tag{6-6}$$

其中，n 为矩阵阶数。

第二步，计算各行 M_i 的 n 次方根值。

$$\overline{W}_i = \sqrt[n]{M_i} \quad (i=1,\ 2,\ 3,\ \cdots,\ n) \tag{6-7}$$

第三步，将向量 $(\overline{W}_1,\ \overline{W}_2,\ \cdots,\ \overline{W}_n)^T$ 标准化：

$$W_i = \frac{\overline{W}_i}{\sum_{j=1}^{n} \overline{W}_j} \tag{6-8}$$

W_i 即所求的各项指标的权重系数。

在此基础上，征求政府有关行政主管部门的意见，同时向社会公示，听取群众的意见，接受社会各界的监督。在集思广益的基础上对各项指标的权重做出必要的调整，并通过实例分析验证指标权重设定的合理性和科学性，确定各项评价指标的最终权重以及指标体系中的核心指标和普通指标。

三、等级标准与评价结果

（一）等级标准的确定

在评价指标体系和各指标权重系数已确定的基础上，根据《规划法》《村镇规划编制办法（试行）》《村镇规划标准》《省域城镇体系规划编制审批办法》以及国家关于小城镇发展的法律、法规和相关政策，从可持续发展和有利于促进“三农”问题解决的角度，对不同的评价项目分别给出不同的评价内容，并分为 A、B、C、D 4 个评价等级，形成小城镇规划编制与实施评价的等级标准。

（二）评价结果的输出

在等级标准和各项指标权重系数确定的前提下，根据各指标的权重系数大小，将已确定的评价指标体系中的指标划分为核心指标（H_{ij}，也代表该指标的权重系数）和普通指标（P_{ik}，也代表该指标的权重系数），以便能够在评价结果中，较直观地显现出各类指标的真实情况，使规划的编制与实施单位较准确地认识到自己的优势与不足，并为其日后的工作提供一定指导。评价结果可由以下等级状态方程直接量化输出。

单项评价结果可用以下等级状态方程式表示：

$$E_i = \sum_{i=1,\ 2} H_{ij} \times （等级）_{ij}^{[h]} + \sum_{i=1,\ 2} P_{ik} \times （等级）_{ik} \quad (i=1,\ 2;\ j=1,\ 2,\ 3,\ \cdots,\ n;\ k=1,\ 2,\ 3,\ \cdots,\ m) \tag{6-9}$$

其中，E_i 为第 i 个评价方面的评价结果；H_{ij}为第 i 个评价方面第 j 个核心指标及该指标的权重；P_{ik}为第 i 个评价方面第 k 个普通指标及该指标的权重；n 为第 i 个评价方面中核心评价指标的个数；m 为第 i 个评价方面中普通评价指标的个数；（等级）$_{ij}^{[h]}$ 为第 i 个评价方面第 j 个核心指标的评价等级；（等级）$_{ik}$为第 i 个评价方面第 k 个普通指标的评价等级。

式（6-9）也可转化为以下形式：

$$E_i = H_{ia}A^{[h]} + H_{ib}B^{[h]} + H_{ic}C^{[h]} + H_{id}D^{[h]} + P_{ia}A + P_{ib}B + P_{ic}C + P_{id}D \quad (i=1,\ 2) \tag{6-10}$$

其中，H_{ia}、H_{ib}、H_{ic}、H_{id}、P_{ia}、P_{ib}、P_{ic}、P_{id}分别为评价等级 A、B、C、D 的权重系数之和，且 $H_{ia}+H_{ib}+H_{ic}+H_{id}+P_{ia}+P_{ib}+P_{ic}+P_{id}=100$。

综合评价结果可用以下等级状态方程式表示：

$$E = \sum T_j \times （等级）_j = aA+bB+cC+dD \quad (j=1,\ 2,\ 3,\ \cdots,\ n) \tag{6-11}$$

其中，E 为综合评价结果；T_j 为第 j 个评价指标及该指标的权重系数（这时指标统一编号，且不再区分核心指标和普通指标）；（等级）$_j$ 为第 j 个指标的评价等级；a、b、c、d 分别为各个指标评价等级 A、B、C、D 的权重系数之和，且 $a+b+c+d=100$。各个指标的权重系数是在单项评价中已经确定的权重系数的基础上，根据两个评价方面在综合评价中的重要性系数转化而来的。

（三）评价结果的标准

评价结果的标准由单项和综合两部分组成。根据等级状态方程中核心指标和普通指标所得 A、B、C、D 权重系数累计值大小，再依据不同类型小城镇的不同特点和各地经济发展的具体情况，分别确定不同区域、不同类型小城镇规划的评价结果标准。

四、评价指标体系特色

该评价指标体系的特色主要体现在 4 个方面。其一，将评价指标根据其重要性程度分为核心指标和普通指标两类，既使规划评价的结果更为直观，又能够有效发挥其对规划的导向作用。其二，权重系数的确定采用咨询验证和层次分析相结合的方法，增加了指标权重的科学性。其三，将每一个指标的评价等级标准分为四级，但只给出其中 A、C 两级的标准，既便于操作，又可减少各种不确定性因素对人的干扰。其四，该评价指标体系的评价结果采用等级状态方程的形式输出，对指标的各个评价等级不赋予分值，仅计算出评价体系中各个评价等级的权重系数之和，用方程的形式输出作为评价结果，可进一步减少人为因素的干扰，也可使被评价者较直观地认识到自身的问题，增加了评价的科学性。

小城镇规划评价的根本目的在于提高规划的编制水平，增强其可操作性，有效地监测、监督既定规划的实施过程和实施效果，使以往规划编制与实施过程中存在的问题形成有关的信息反馈，从而对规划的内容和政策设计以及规划运作制度的架构提出修正、调整的建议，使小城镇规划的编制与实施及发展过程进入良性轨道，全面、真实、有效地提高我国的城市化水平。

第七章　面向现代化的小城镇发展建议

展望2035年，为保障我国基本实现城镇化的远景目标，从服务新型城镇化、乡村振兴、城乡融合、区域协调发展等国家战略，以及推动农村地区治理体系和治理能力现代化角度来看，面向2035年，小城镇建设的战略定位是“加快推进农业农村现代化的关键举措，实施新型城镇化战略、乡村振兴战略和区域协调发展战略的交汇点和重要支撑”。

第一节　积极实施小城镇发展“四在”战略

以推进小城镇高质量发展为目标，小城镇建设主管部门、小城镇政府工作人员要积极作为、主动突围，努力做好“四在”，即在习近平总书记重要指示批示以及党和国家有关文件中找方向，在服务国家战略中谋地位，在构建新发展格局中做贡献，在国家部委文件中寻资源。

一、在重要讲话和文件中找方向

以习近平总书记重要指示批示为根本遵循，认真学习并全面贯彻习近平总书记关于县城和小城镇建设的重要指示批示精神，认真研究党中央、国务院有关重要文件，进一步明晰小城镇发展的政策机遇、发展方向和着力点。

2013年中央城镇化工作会议、2015年中央城市工作会议指出，大中小城市和小城镇合理分工、功能互补、协同发展；发展有历史记忆、地域特色、民族特点的美丽城镇。

2014 年 3 月中共中央、国务院印发《国家新型城镇化规划（2014—2020 年）》提出，“推动小城镇发展与疏解大城市中心城区功能相结合、与特色产业发展相合、与服务‘三农’相结合”，“具有特色资源、区位优势的小城镇，要通过规划引导、市场动作，培育成为文化旅游、商贸物流、资源加工、交通枢纽等专业特色镇”。

2016 年 1 月《关于深入推进新型城镇化建设的若干意见》明确提出，“加快培育中小城市和特色小城镇”。2016 年 3 月《国民经济和社会发展第十三个五年规划纲要》提出，“因地制宜发展特色鲜明、产城融合、充满魅力的小城镇”。

2018 年 9 月《国家乡村振兴战略规划》明确提出，要因地制宜发展特色鲜明、产城融合、充满魅力的特色小镇和小城镇，加快培育一批“农字号”特色小镇。2019 年《中共中央 国务院关于建立健全城乡融合发展体制机制和政策体系的意见》提出，要完善小城镇联结城乡的功能，探索创新美丽乡村特色化差异化发展模式，盘活用好乡村资源资产。

2020 年 10 月 26 日党的十九届五中全会指出，要促进大中小城市和小城镇协调发展，推进以县城为重要载体的城镇化建设，把乡镇建成服务农民的区域中心。

2023 年 5 月 17 日，习近平总书记在陕西考察时强调，因地制宜发展小城镇，促进特色小镇规范健康发展，构建以县城为枢纽、以小城镇为节点的县域经济体系①。

二、在服务国家战略中谋地位

新型城镇化提出，小城镇是新型城镇化的重要载体。乡村振兴战略提

① 着眼全国大局发挥自身优势明确主攻方向 奋力谱写中国式现代化建设的陕西篇章［EB/OL］. 人民网—人民日报.［2023-05-18］. http://jhsjk.people.cn/article/32688927.

出，小城镇是乡村振兴战略落地的重要引擎，要因地制宜发展特色鲜明、产城融合、充满魅力的特色小镇和小城镇，加强以乡镇政府驻地为中心的农民生活圈建设，以镇带村、以村促镇，推动镇村联动发展。城乡融合发展政策指出，小城镇是推动城乡协调发展的有效抓手。

推动小城镇发展与疏解大城市中心城区功能相结合、与特色产业发展相结合、与服务“三农”相结合。要以县级行政区为基础，以建制镇为支点，搭建农村一、二、三产业融合发展服务平台，有序推动农业转移人口在县城、小城镇或工业园区附近集中安置。科学推进边境地区新型城镇化建设，打造以内陆邻近的大中城市为辐射源、边境县级市及地级市市辖区为枢纽、边境口岸和小城镇为节点、边境特色小镇为散点的边境一线城镇廊带。

三、在构建新发展格局中做贡献

“以国内大循环为主体”意味着必须以满足内需作为出发点和落脚点，着力打通国内生产、分配、流通、消费各个环节。作为“连城带乡”的关键节点之一，小城镇有着基本的城市功能，又面向农村的广阔腹地。在构建新发展格局中，要借“牢牢把握扩大内需这个战略基点”之势，把握好信息时代到来的新契机，进一步激发自身生产、生活、生态功能。

以提供更多“就地城镇化”就业机会为目标，因地制宜引导小城镇产业发展，特别注意扶持发展与农产品加工相关的企业和各类小微企业，支持引导新经济、新业态发展。着力提升小城镇宜居性，逐步完善镇区医疗、教育、环境设施服务能力和服务水平，强化其面向农村的养老托幼服务功能。对于拥有特色资源的小城镇，要适度加大土地、资金等要素支持力度，用足用活小城镇优秀的乡土元素，打造“让居民望得见山、看得见水、记得住乡愁”的重要载体。着力提高小城镇治理现代化水平，增强风险防控能力，不断提高行政服务水平。

四、在国家部委文件中寻资源

对接好政策性资金。国家发展改革委2020年新型城镇化任务提出，要推进边境地区新型城镇化建设，改善边境一线城镇基础设施和公共服务。《中共中央办公厅 国务院办公厅印发〈关于推进以县城为重要载体的城镇化建设的意见〉的通知》和《国家发展改革委关于加快开展县城城镇化补短板强弱项工作的通知》等文件提出，要着力补齐县城公共服务设施、环境卫生设施、市政公用设施、产业培育设施短板弱项，着力推进县乡村功能衔接互补，提升县城辐射带动乡村发展能力。支持政策包括专项企业债支持，涉及产业平台公共配套设施、新型基础设施、其他基础设施。

第二节　精准施策推进小城镇高质量发展

一、尽快出台促进小城镇健康发展的专门文件

进一步明确小城镇在国家战略中的角色定位，尽快出台促进小城镇健康发展的专门文件。进入21世纪以来，在国家层面鲜有直接支持小城镇发展的专门文件出台。客观上讲，小城镇上升为“大战略”后，在全面贯彻党的十五届三中全会精神、推动小城镇在带动农村经济和社会发展方面发挥更大作用、真正落实“大战略”的定位等方面，我们并没有做好政策上的准备。在一定程度上，小城镇错失了提档升级的历史性机遇，也逐渐模糊了应有的角色定位、迷失了发展方向。新时代更好地推动小城镇的健康快速发展，尽快明晰小城镇在国家战略中的地位和定位，明确小城镇的发展方向、重点建设任务和支持政策至关重要。基于前文分析，笔者认为，新时代的小城镇将成为破解我国城乡发展不平衡和农村发展不充分问

题的关键举措，服务和带动乡村发展、推动农村治理体系和治理能力现代化的战略支撑，有条件在新阶段、新理念、新格局和高质量发展的背景下，成为推动我国新型城镇化、乡村振兴、城乡融合和扩大内需战略高质量落地的重要抓手。

二、因地制宜确定小城镇定位和发展方向

充分利用有利于小城镇发展的外部条件，因地制宜地选择小城镇功能定位和发展方向。得益于长期稳定快速发展，有利于小城镇发展的外部环境和客观条件正在形成。一是交通便捷化。改革开放40多年来，我国高速公路、高速铁路、城际铁路、航空等多种交通方式都取得了前所未有的发展，大幅缩短了大中城市和小城镇之间的交通时距，使各种发展要素向小城镇集聚成为可能。二是汽车家庭化。2019年，我国私人汽车保有量为22635万辆，按照同年全部城镇就业人口计算，约1.95个人就拥有1辆私人汽车，汽车的家庭化使更多的城市人口工作在大城市、居住在小城镇成为可能。三是时代信息化。随着5G时代的到来，无论是身处大城市还是小城镇，一部手机、一台电脑，就能带来无差别的工作成效。况且居住在小城镇还可以远离城市的喧嚣，享受城市无法比拟的生态环境优势、低成本创业优势、土地优势等。小城镇有条件成为未来的就业、创业乐园。

三、探索与经济强镇特点相适宜的发展道路

着力做好特大镇和经济强镇发展瓶颈和诉求的摸底工作，稳步有序探索与其特点相适宜的发展道路。加快启动20万人口以上特大镇设市工作，有效解决制约特大镇发展的“小马拉大车”问题。直辖市下辖特大镇可考虑改区，地级市下辖特大镇可同时考虑镇改区和镇改市，县级市或县辖特大镇可以直接考虑改为县级市，在人员和机构编制上可参考“龙港模式”。有序推进10万~20万人口的特大镇设市工作，制定设市规划，在县

城的特大镇和地理区域相对独立的特大镇可以先行设市，逐步完善直辖市、地级市下辖特大镇调整行政区划的办法。对于远离中心城市、人口规模在5万~10万人的县城驻地镇，要结合县域发展情况，适时推动县域改市。离中心城市较近的县城驻地镇，考虑基础设施配套和规划一体化，有序推动镇改区工作。深入研究未来区域管理和城市管理的关系，探索新型区域管理和城市管理模式。

四、有序启动小城镇补短板强弱项工作

加强对一般小城镇发展现状和突出问题的研究，有序启动补短板强弱项工作。紧紧围绕小城镇自身建设和更好地服务、带动农村发展的需要，着力补齐小城镇发展短板，增强小城镇服务和带动农村发展的能力。一是加快推动小城镇人居环境综合整治，着力提升小城镇环境基础设施、市政基础设施、公共服务设施配套水平，解决好从无到有、从有到优的问题。着力解决好垃圾乱扔、污水乱排等问题。着力整治城镇秩序，解决地面乱堆乱放、车辆停放无序和“空中蜘蛛网”等问题。整治镇容镇貌，解决“赤膊墙、蓝屋面”等问题。二是加强小城镇规划对小城镇建设理念以及产业发展的引导作用。在建设上，小城镇要注重与自然共生，传承文脉，体现特色，尺度宜人，在景观上向乡村看齐，在功能上向城市看齐，既要满足城镇居民的需要，更要满足服务“三农”的需要，要为适合当地农业资源、农村特点的产业发展留足空间，如农业加工业、大型农贸市场、电商等，促进现代农业产业体系、生产经营组织体系不断完善。三是加大对小城镇建设财政支持力度，理顺县镇财政关系，在“乡（镇）财县管”的财政体制下，构建财权与事权相匹配的镇级财政管理体制，加大对小城镇基础设施、公共服务设施、产业配套设施、环境卫生设施等建设的财政性资金支持力度。探索建立与小城镇发展特点相符合的投融资体制，引导城市金融机构与社会资本进入城镇基础设施、公共服务等经营性

领域，提高小城镇经营发展的能力。

五、精准发力推进各类小城镇科学发展

加快启动针对沿边型、民族型、收缩型等特殊类型镇的调研工作，精准推进各类小城镇科学发展。坚持发展与安全兼顾、固边和兴边并重，全面提升沿边镇、民族镇综合承载能力，着力提升沿边地区与内陆地区一体化发展水平，全面建成展现新时代中国特色社会主义优越性的重要窗口。着力提升基础设施保障水平，加快推进沿边城镇综合交通运输系统建设，进一步完善边境铁路网、干线公路和国边防公路建设，强化能源和信息基础设施保障。全面提升沿边镇综合承载能力，着力补齐边境城镇市政道路、供水、排水、污水处理、垃圾处理、电力、通信、供热、燃气、供氧、物流以及教育、医疗、社保、公共卫生等设施和服务领域的短板弱项，稳步提升沿边镇防洪防涝、应对地质灾害、应对群体事件等防灾救灾能力。全面开展对小城镇经济社会发展水平、发展潜力和发展能力的摸底调查，做好对人口流出型小城镇的跟踪、评估和指导，结合微观统计数据，研究与企业生产和居民消费相关的经济发展活力，及时发现小城镇衰退的趋势，未雨绸缪。借鉴国际上的“精明收缩”理念，对人口持续流出型小城镇优化要素供给、使用方式，加强对人口持续流出型小城镇的指导，优化政策供给，促进其科学发展。

第三节　加快推进重点区域小城镇发展

在全球城市群都市圈崛起的背景下，生产网络和空间结构日趋开放，给小城镇发展带来了前所未有的良好外部环境。一方面，有利于小城镇积极参与全球产业分工；另一方面，也为小城镇带来巨大的资本及市场

机遇，使其在土地、劳动力等方面的比较优势得以在更大的地域空间内释放。

一、加强小城镇与中心城市的便捷通道建设

以加速小城镇融入城市群进程为目标，加快推动轨道交通小城镇延伸，在镇区增设高速出口，加强国省干道与小城镇的衔接，加强小城镇与都市圈内中心城市和周边中小城市的联系，强化中心城市增长极作用，完善小城镇接受区域中心城市辐射带动的交通条件，更好地服务于乡村振兴战略，促进区域协调发展。

二、积极承接中心城市非核心功能疏解

进一步明晰小城镇角色定位，使小城镇成为核心城市非核心功能的疏解区。明确产业功能疏解区，发挥小城镇土地要素成本低的优势，疏解工业发展职能。明确教育功能疏解区，建设一批高等院校、国际学校，健全职业教育体系。明确科研功能疏解区，建设科研院所和区域公共实验室。明确医疗养老功能疏解区，建设区域公共卫生中心、区域知名医院和配套养老机构。

三、加强“人地钱技”等发展要素保障力度

加强对小城镇发展要素支持，激活小城镇经济承载功能，尤其是涉农产业、大型商超以及适宜小城镇发展的新业态。城市群都市圈土地指标、政策性资金等公共资源配置要适度向中小城市、小城镇倾斜，补齐小城镇发展短板，逐步解决中小城市、小城镇发展不充分问题，促进新型城镇化健康发展。支持小城镇依托当地优势和便利交通发展都市农业，发展都市型休闲农业和乡村旅游。支持小城镇因地制宜建设大型商场超市、购物综合体等购物中心，满足大城市和本地消费需求。支持小城镇积极发展文旅

休闲产业，建设独具特色的文化旅游、生态休闲等项目，实现差异化发展。

四、让小城镇成为“平急—平战结合”重要功能承载区

充分发挥城市群都市圈小城镇土地、成本及交通优势，以小城镇为重要载体，构建城市群都市圈“平急—平战结合”应急管理体系，更好地承担战时应急任务，如公共卫生、地震、消防等灾害来临时的紧急避难、防护服务等。加快应急救援设施建设，预留应急医院和应急指挥中心。完善应急物资储备体系，保障应急医疗物资、应急生活物资。完善应急生活服务、救灾防护服务等应急防护服务。加快建设疏散避难空间，建立一批应急疏散场所和应急安置空间，为应急处置留足空间和时间。

参考文献

[1] 柴野．德国：小城镇建设走新路 [N]．光明日报，2013-12-12(08)．

[2] 晁恒，邹小龙，李贵才．面向城市群的珠三角近郊型小城镇空间优化策略——以中山市沙溪镇为例 [J]．现代城市研究，2018 (9)：56-63.

[3] 陈立平．温州龙港昨日撤镇设市 成全国唯一不设乡镇、街道县级市 [EB/OL]．杭州网．[2019-08-31]．https：//news. hangzhou. com. cn/zjnews/content/2019-08/31/content_ 7257595. htm.

[4] 陈鹏．改革开放四十年来我国城镇化道路的探索和完善 [J]．广东行政学院学报，2018，30 (5)：15-21.

[5] 陈前虎，潘兵，司梦祺．城乡融合对小城镇区域专业化分工的影响——以浙江省为例 [J]．城市规划，2019，43 (10)：22-28.

[6] 陈曦，沈甜，陈晓逸．从"一处美"到"全域美"秀洲油车港这样打造美丽城镇 [EB/OL]．浙江新闻．[2020-05-29]．https：//zj. zjol. com. cn/news. html? id=1456299.

[7] 陈悦，朱莉芬．重庆市小城镇建设问题与对策研究 [J]．发展研究，2014 (12)：17-21.

[8] 邓文钱．韩国"新村运动"的成功经验 [N]．学习时报，2013-12-16 (002)．

[9] 邓元慧，欧国立，邢虎松．城市群形成与演化：基于演化经济地理学的分析 [J]．科技进步与对策，2015，32 (6)：45-50.

［10］丁声俊．德国小城镇的发展道路及启示［J］．世界农业，2012（2）：60-65.

［11］董金秋，刘爽．论小城镇发展的角色困境及其出路［J］．中国名城，2014（2）：4-9，34.

［12］范云芳．基于国外城镇化发展的中国城镇化战略选择［J］．中国发展，2014，14（1）：45-51.

［13］方创琳．中国城市发展方针的演变调整与城市规模新格局［J］．地理研究，2014，33（4）：674-686.

［14］冯晶．京津冀一体化背景下环京小城镇空间发展特征研究——以河北大厂为例［J］．城市发展研究，2014，21（8）：16-20.

［15］贵州省人民政府办公厅．省人民政府办公厅关于加快推动特色小镇和小城镇高质量发展的实施意见（黔府办发〔2019〕20号）［EB/OL］．贵州省人民政府网．［2019-10-18］．http：//www. guizhou. gov. cn/ztzl/gzltjxxczhjsfltdczdts/zcbz/202110/t20211009_ 70801467. html.

［16］郭小溪．组织力量大：协会推动下的法国特色镇群［J］．北京规划建设，2017（3）：58-62.

［17］韩道铉，田杨．韩国新村运动带动乡村振兴及经验启示［J］．南京农业大学学报（社会科学版），2019，19（4）：20-27，156.

［18］金振杰．应对高速城市化后遗症 韩国如何培育小城镇［J］．人民论坛，2013（4）：20-21.

［19］金钟范．韩国小城镇发展政策实践与启示［J］．中国农村经济，2004（3）：74-78，80.

［20］邝晓雯．珠三角小城镇规划发展史研究［D］．广州：华南理工大学，2015.

［21］蓝庆新，张秋阳．日本城镇化发展经验对我国的启示［J］．城市，2013（8）：34-37.

［22］李爱博．新时期中国共产党城镇化政策变迁研究［D］．石家庄：河北师范大学，2017.

［23］李兵弟，郭龙彪，徐素君，等．走新型城镇化道路，给小城镇十五年发展培育期［J］．城市规划，2014，38（3）：9-13.

［24］李晴．新型小城镇建设中的问题及其对策研究［D］．长沙：湖南师范大学，2014.

［25］连德宏．长江三角洲地区小城镇发展动力机制研究［D］．杭州：浙江大学，2007.

［26］林甲港．【建议提案精彩回放】提升城镇环境 建设美丽平阳［EB/OL］．平阳新闻网．［2018-02-07］．http：//py.66wz.com/system/2018/02/07/013236745.shtml.

［27］林小昭．新型城镇化再强调：发挥中心城市和城市群的综合带动作用［EB/OL］．搜狐网．［2020-05-25］．https：//www.sohu.com/a/397479196_120649134.

［28］马黎明．多维度社会转型背景下的日本小城镇城镇化研究［J］．中国名城，2015（6）：87-90.

［29］潘有成．历史文化名镇交通规划与组织模式研究［J］．城市管理与科技，2013，000（1）：39-40.

［30］彭明唱．新型城镇化背景下农业人口市民化障碍及对策研究——以徐州市为例［J］．中国劳动，2015（10）：29-34.

［31］彭震伟．小城镇发展作用演变的回顾及展望［J］．小城镇建设，2018，36（9）：16-17.

［32］邱明明，徐广才，李国飞，等．京津冀协同发展背景下京郊重点小城镇发展路径初探［J］．农学学报，2016，6（9）：76-81.

［33］邵高峰．我国特色小镇建设概述［J］．建设科技，2018（2）：19-21.

[34] 孙婷. 基于市镇联合体的法国小城镇发展实践及对我国的启示[J]. 小城镇建设，2019，37（3）：26-31.

[35] 王素斋. 科学发展观视域下中国新型城镇化发展模式研究[D]. 天津：南开大学，2014.

[36] 谢云挺，王俊禄. “农民城”温州龙港镇“撤镇设市”[EB/OL]. 新华网. [2019-08-30]. https：//baijiahao. baidu. com/s？id=1643302659161390736.

[37] 杨舒雅，田银生. 珠三角地区专业镇的形成发展与升级转型研究[J]. 南方建筑，2020（1）：53-59.

[38] 杨玉. 我省出台小城镇建设标准 推行“窄马路、密路网”道路布局[EB/OL]. 河北新闻网. 2018-09-01（02）. http：//hbrb. hebnews. cn/pc/paper/c/201809/01/c93155. html.

[39] 中共中央 国务院印发《粤港澳大湾区发展规划纲要》[EB/OL]. 中国政府网. [2019-02-18]. https：//www. gov. cn/gongbao/content/2019/content_ 5370836. htm？eqid=f2c29cf1000148f9000000036481d8a6&ivk_ sa=1024320u.

[40] 中共中央文献研究室. 十一届三中全会以来重要文献选编（下）[M]. 北京：人民出版社，1982.

[41] 朱彤. 中日小城镇发展模式比较研究[J]. 世界农业，2017（12）：182-187.

附录：有关文件

关于加强小城镇建设的若干意见
（建村〔1994〕564号）

党的十一届三中全会以来，农村经济体制改革不断深化，农村经济有了很大发展。广大农民自己动手，建设家园，居住条件得到改善，共建农民住宅85亿平方米，有50%的农户迁入新居。同时，乡镇企业异军突起，促进了原有小城镇的改造和发展，带动了一批新型小城镇的兴起，为我国农村加速发展二、三产业，就地转移剩余劳动力，繁荣经济，加强精神文明建设，创造了良好的基础条件。但是，一些地方和部门，对小城镇建设认识不足、重视不够，缺乏统一规划和积极引导，盲目乱建、浪费土地的现象也时有发生。为贯彻落实党的十四届三中全会通过的《中共中央关于建立社会主义市场经济体制若干问题的决定》精神，切实加强小城镇建设工作，现提出如下意见：

一、统一思想，提高认识，把小城镇建设作为一件大事来抓

党中央、国务院对小城镇建设工作十分重视，把积极引导和加强小城镇建设作为进一步推动农村经济全面发展的一项重要工作。在今年召开的中央农村工作会议上，江泽民总书记强调指出，“要引导乡镇企业在小城

镇适当集中，使小城镇成为区域的中心”，“在稳步发展农业的同时，积极发展农村二、三产业，搞好小城镇建设”。

小城镇在新的历史条件下，已经成为农村经济和社会进步的重要载体，成为带动一定区域农村经济社会发展的中心。乡镇企业的崛起和迅速发展促进了城乡经济运行的一体化，农业、工业、商业、建筑业、运输业、服务业并举和繁荣兴旺，形成了农村新的产业格局。大批农民进镇务工经商，推动了小城镇的发展，促进了人流、物流、信息流向小城镇的聚集，要求小城镇相应改善各项基础设施，提供生产、生活和投资的环境条件。因此，要逐步加强小城镇建设，改善和强化小城镇的综合作用，发挥整体功能，增强其对周围地区的辐射力和吸引力。加强小城镇建设，有利于节约土地、节省投资、提高公共设施利用率。加强小城镇建设，便于信息传递、经济技术交流，有利于吸收资金、技术、人才，促进二、三产业发展和改善居住条件，更好地带动农村经济和各项事业的发展。加强小城镇建设，也是巩固和发展农村改革成果的需要，对于加快农村剩余劳动力的就地转移，促进农村市场体系的发育，推动乡镇企业连片集中发展和上规模、上水平，具有重要意义。提高小城镇的规划、建设和管理水平，是我国发展社会主义市场经济的客观要求，是建设具有中国特色社会主义的重要组成部分。各地一定要把小城镇规划好、建设好、管理好。

二、全面规划，依法管理，促进小城镇建设的健康发展

小城镇建设必须首先搞好规划，要按照逐步实现农村现代化的要求，规划和建设小城镇。各级人民政府要对小城镇建设工作进行认真研究，特别是各县（市）人民政府要对本地区的小城镇进行综合分析、排队，根据当地经济和社会发展的实际，确定重点发展的小城镇，作出全面的规划部署。

对于沿路、沿江河、沿海、沿边境等地理位置和交通条件较好、乡镇

企业有一定基础或农村批发和专业市场初具规模的小城镇，要首先重点地抓好规划和建设。小城镇的规划设计要因地制宜，要充分利用和改造现有小城镇，不搞“花架子”，着重规划好基础设施和公共服务设计，加强环境保护，为生产生活提供必要的条件，乡镇企业要适当集中、合理布局。各项建设要量力而行，统筹兼顾，近远结合，分步实施。建制镇要根据《城市规划法》、集镇要根据《村庄和集镇规划建设管理条例》等国家有关法规进行规划、建设和管理。小城镇规划建设要合理用地、节约用地，使用土地要严格履行审批手续，绝不允许没有规划或不按规划乱占滥建、浪费土地。

三、深化改革，理顺体制，努力提高小城镇建设服务水平

小城镇建设管理体制，决不能再走以往城市规模越大、政府包袱越重和城市人口越多、财政补贴越多的老路，按照统一规划、合理布局、综合开发、配套建设的精神和政企分开、政事分开、精兵简政的原则进行改革，实现精简、统一、高效的目标。在管理内容上，要从规划实施、建筑市场的管理、工程质量监督到竣工验收、发放房地产证的全过程实施一条龙管理。

小城镇其他方面的管理体制也要根据建立社会主义市场经济体制的要求，全面深化改革。要探索逐步改革小城镇的户籍管理制度的办法，培育和发展市场，鼓励兴办二、三产业。要积极探索发展和完善农村合作医疗制度及养老保险制度的办法。不断提高小城镇吸引力和凝聚力，搞好精神文明和物质文明建设。

四、以科技为先导，提高小城镇建设的科技水平

小城镇建设需要科学技术的支持。近几年在农村开展的星火计划等工作，对促进农村的科技进步以及小城镇建设起到了重要的作用，要继续抓

好。要进一步发挥科技进步的作用，围绕生态环境保护、抗御自然灾害和新型能源、新型建筑材料利用及方便人民生活等问题，在村镇建设中积极推广应用一批适合农村特点的新技术、新材料。要进一步加强小城镇建设科学研究、适用技术的推广和技术立法工作，继续做好支持和鼓励大中城市科技人员到小城镇工作。要组织好小城镇建设急需的规划建设管理人才的培训工作，切实加强小城镇科研队伍的建设。

五、加强领导，抓好试点，推动小城镇建设整体水平的提高

小城镇建设要根据本地区的经济发展水平，量力而行，逐步建设。各地人民政府要加强领导，统筹兼顾，严格防止不顾主客观条件一哄而起，遍地开花。各地人民政府要根据实际情况先组织有关部门抓好小城镇建设的试点工作。有条件的县要有重点地抓一至二个试点，使之在小城镇建设进程中不断积累经验，切实起到示范带动的作用。国务院有关部门对小城镇建设要积极予以支持，注意调查研究，及时总结经验，推动小城镇建设整体水平的提高。

建设部

国家计委

国家体改委

国家科委

农业部

民政部

1994 年 9 月 8 日

小城镇综合改革试点指导意见
（体改农〔1995〕49号）

为贯彻落实党的十四届三中全会和1993年中央农村工作会议精神，根据国务院原则同意的《关于加强小城镇建设的若干意见》（建村〔1994〕167号）的要求，国家体改委、建设部、公安部、国家计委、中央机构编制委员会办公室、财政部、农业部、民政部、国家土地局、国家统计局决定，依靠地方政府和各有关部门，选择一批小城镇，进行综合改革试点。

一、试点的目标和原则

在广大农村地区积极发展小城镇，是我国城市化道路的现实选择，是实现国民经济现代化的必然趋势，也是缩小城乡差别的重要途径，它有利于调整农村产业结构，促进农村二、三产业发展；有利于加快农村剩余劳动力就地转移，为发展农业适度规模经营、实现农业现代化创造条件，同时减缓“民工潮”造成的社会压力；有利于乡镇工业集中连片发展，促进乡镇工业上规模、上水平；有利于加强农村基层政权建设和两个文明建设。这对在农村实施《中国21世纪议程》，提高人口素质和农村居民生活质量，实现小康战略目标和经济、社会、生态的协调、持续发展，具有重要意义。

（一）小城镇综合改革试点的目标是，在小城镇建立一种政府精干高效、企业制度规范、市场竞争有序、城镇规划科学、保障机制完善、城乡一体化的符合社会主义市场经济要求、适应农村经济发展特点的新体制，促进试点镇经济不断上新台阶，带动整个地区经济、社会、生态的协调、快速发展。

（二）试点工作的基本原则是：

1. 正确处理改革与发展的关系。要紧紧围绕经济建设这个中心，加强物质文明建设和精神文明建设，以改革为动力，坚持小城镇全面协调发展，推进农村工业化、城市化和现代化进程，促进一、二、三产业的互动发展，实现农村经济和社会以及生态的全面协调发展。检验小城镇综合改革试点是否成功的重要标志是，农业基础地位是否加强，农村经济是否增长，农民收入是否增加。

2. 正确处理改革政策的衔接和突破的关系。小城镇综合改革试点既要与现行的有关文件和法规相衔接，又要根据经济发展的客观要求有所突破，并在实践中进行超前的探索。

3. 坚持按改革的办法促进小城镇建设。要按照社会主义市场经济体制的要求抓好小城镇新体制建设，同时，要用科学的方法规划小城镇的基础设施建设。防止出现“新城镇，旧体制”的现象。

4. 坚持一切从实际出发。要充分考虑小城镇经济发展水平的差异，因地制宜地制定试点方案，不搞“一刀切”。不同的小城镇综合改革试点的重点可以有所侧重，但都要注意改革政策的综合配套，使重点突破和整体推进相结合。

5. 积极引导，稳步发展，注重实效。要防止不顾条件，一哄而起，借建设小城镇之名，形成新的开发区热。

二、试点内容

根据党的十四届三中全会《中共中央关于建立社会主义市场经济体制若干问题的决定》和 1993 年中央农村工作会议精神，结合农村小城镇发展的特点和现实条件，以及各地经济、社会发展和农村改革的实际情况，小城镇综合改革试点内容主要包括以下几个方面：

1. 完善小城镇政府的经济和社会管理职能。根据政府经济管理体制改革的要求和中央有关机构改革的方针和原则，健全小城镇政府职能，强化政府的服务功能。试点小城镇要在政企分开方面取得实质性进展。试点小城镇所在地的县（市）政府，在符合改革方向的前提下，赋予试点小城镇政府必要权限。在国家规定的限额内，小城镇政府可合理确定机构设置和人员编制。

2. 深化小城镇建设方式改革。改革小城镇建设中的自发、分散的建设方式，积极推行“统一规划、合理布局、综合开发、配套建设”的集中统一建设方式。试点小城镇要从县情、镇情出发，制订科学的总体规划，实行统一规划、统一征地、统一设计、统一施工、分片开发、配套建设，争取建成一片、见效一片。对小城镇建设用地要依法加强管理。根据小城镇土地利用总体规划、建设规划和年度建设用地计划，统一征地，按项目用地分次依法划拨和出让。积极发展适合农村特点的小城镇房地产事业，对小城镇住宅、乡镇企业厂房、市场设施、公用设施等进行综合开发。

3. 促进小城镇建设和发展的多元化投资机制。建立政府、企业和个人共同投资的多元化投资机制。镇政府要在发展经济、增加财力的基础上，加大对小城镇公用建设事业的投资比例。通过创造良好的投资环境和制订有吸引力的招商政策，吸引外来资金参与小城镇的开发和建设。探索依靠进镇农民建设新兴城镇的路子。

4. 实行户籍管理制度改革。按照公安部关于户籍管理制度改革的要求进行试点，实行按居住地和就业原则确定身份的户籍登记制度，农民只要在小城镇具备合法固定的住所和稳定的就业条件，就可以申请在小城镇办理落户手续。

5. 建立和完善试点小城镇的新型社会保障体制。充分发挥国家、企业和个人的积极性，依靠社会各方面力量，探索在小城镇建立区别于城市旧体制并符合社会主义市场经济体制要求的新型的社会保障机制和统一的社会保障机构，首先要加强早已普遍建立的乡镇社会保障委员会，继续办好农村社会养老保险，积极推广城镇社区服务，以减少农民进城的后顾之忧。

6. 探索建立有效的集体土地内部流转制度。可尝试允许准备迁入小城镇的农民将原承包土地使用权有偿转让，作为进城定居或就业的启动资金，以利于建立土地使用权的有偿流转制度和土地的适度集中，解决农村耕地紧张的问题。

7. 深化小城镇乡镇企业制度改革。在试点小城镇大力推行股份合作制和股份制，明晰乡镇企业的产权关系，加快技术改造，改进企业管理，促进乡镇企业的规范发展和向现代企业制度过渡。鼓励乡镇企业向小城镇集中，连片发展，提高乡镇企业规模效益。

8. 以市兴镇，抓好小城镇的市场培育。发展小城镇的第三产业，建立适应当地经济发展特点的专业批发市场，以市场促进小城镇周围的农村经济发展和带动乡镇企业的发展，同时，围绕小城镇的市场建设，鼓励各种类型的农产品流通组织参与市场流通。政府在政策上应给予积极扶持。

9. 建立机构完整、职能健全的镇一级财政。按分税制改革的要求，建立和完善镇一级财政管理体制，设立镇级金库，建立完整统一的预决算制度。规范各项收费来源，由镇财政统管收支；试行“费改税”改革试点，从制度上约束乱摊派、乱收费行为。

10. 进行规范化的农村合作基金组织试验。规范各种类型的民间融资渠道，发挥农村合作基金组织在促进农村小城镇、农村乡镇企业和农业发展方面应有的作用。

11. 建立与完善小城镇科技管理与服务体系。推动县及县以下的科技机构到小城镇发展技农贸、技工贸一体化的技术经济实体，促进科研机构、高等院校及大中型企业为小城镇提供人才、技术等多种服务，将“星火计划”优先引向试点小城镇，形成“一镇一品（即具有较高技术含量和市场占有率的拳头产品）”或“一镇数品”，促进乡镇企业的产业结构向高层次发展，并成为带动周围农村经济与社会持续、协调发展的政治、经济、科技、信息和商贸中心，充分发挥小城镇的辐射功能。

12. 建立健全小城镇为农服务体系。将小城镇作为农村社会化服务组织的载体，大力培育促进农业生产发展和为农业服务的社会化服务组织，建立小城镇政府的为农服务和培训中心，鼓励发展农村专业技术协会。

三、试点的组织实施

1. 确定试点。选择试点小城镇的条件：

——小城镇所在地区的各级领导高度重视小城镇发展，并有强烈的改革意识；

——在不同经济发展水平、区位条件、乡镇企业的发展规模以及市场发育程度等方面，具有一定代表性和典型意义；

——过去在某些方面的改革曾经取得成功经验的，或已列入部委专项改革试点范围的小城镇，可优先选择；

——小城镇综合改革试点所在的县（市）、地（市）各级协调改革的机构健全。

综合改革试点的小城镇经所在地各级政府和有关部门认可后，由国家体改委会同国务院有关部门共同确定。

2. 制定方案。小城镇综合改革试点方案在国家有关部委主管司（局）具体协调指导下，由省体改委会同地方各级体改委和有关部门配合协助，结合试点小城镇选择的试点内容和自身的具体特点制定。

制定小城镇综合改革试点方案的要求：

——组织有关部门及专家进行前期调研，针对本地区特点，根据综合改革试点内容的要求，对改革项目进行全面规划。规划内容应包括改革规划、发展规划和城镇建设规划。

——综合改革试点要求项目到点，责任到人，实行目标责任制。

项目完成后要组织有关部门及专家、学者进行评估验收。

试点方案应包括以下内容：

试验项目名称；

试验背景和指导思想；

试验要点及具体内容；

试验的总体目标和阶段性要求及试验的起迄期限；

试验的实施过程和操作手段；

试点工作班子的设置和工作职能；

试验项目要求上级部门提供的配套措施和改革政策。

试点方案制定后，由国家体改委会同国务院有关部门研究后批复。

3. 跟踪指导。在试点方案批准后，随时监测试点实施情况；每年进行一次监测数据分析与对比；及时听取试点单位关于试点工作进展状况的汇报，并将国家最新的改革进展情况尽快通报试点小城镇，使即将出台的改革政策率先在试点小城镇推行，以便及时总结经验，反馈信息，完善改革政策；国家体改委和有关部门应经常到试点小城镇进行调查，了解试点的情况，总结经验教训，适时修订试点方案。试点小城镇可实行定期简报制度并建立必要的统计报表制度，及时反映试点的改革进度和问题。

4. 总结交流。对试点小城镇的负责干部和所在县的主管干部进行培训；组织试点小城镇之间的参观和考察；召开研讨会和经验交流会，并邀请各方面专家对试点成果进行论证，对试点经验加以总结。成果显著的，通过新闻媒介广为宣传，并加以推广。试点结束后，要对整个监测数据进行分析，最后写出项目总结论证报告，并提出咨询意见供中央决策。

国家体改委
建设部
公安部
国家计委
国家科委
中央编委办公室
财政部
农业部
民政部
国家土地管理局
国家统计局
1995 年 5 月

关于加强土地管理促进小城镇健康发展的通知
(国土资发〔2000〕337 号)

各省、自治区、直辖市国土资源厅（国土环境资源厅、国土资源和房屋管理局、房屋土地资源管理局、规划和国土资源局），解放军土地管理局，新疆生产建设兵团土地管理局：

发展小城镇，是带动农村经济和社会发展的大战略，是推进我国城镇化的重要途径，也是集约用地和保护耕地的有效途径。但是，在目前小城镇建设中，一些地方存在着布局过于分散、土地利用粗放、违法使用土地、损害农民合法权益等问题。根据中共中央、国务院关于促进小城镇健康发展的有关文件精神，现对在保护耕地和保障农民合法权益的前提下，妥善解决城镇建设用地，促进小城镇健康发展的有关问题通知如下：

一、严格执行土地利用总体规划，促进小城镇建设健康有序发展

各地在小城镇建设中，要认真贯彻“合理布局，科学规划，规模适度，注重实效”的精神，严格执行土地利用总体规划。做到县域城镇体系规划和建制镇、村镇建设规划与土地利用总体规划相衔接，建制镇和村镇规划的建设用地总规模要严格控制在土地利用总体规划确定的范围内。尚未完成县、乡级土地利用总体规划编制的，要加快编制。如果规划确需调整，必须经过法定程序。调整的规划批准后，仍必须按规划管地用地。

对已经完成县、乡级土地利用总体规划的，要优先分配农用地转用计划指标；县域范围内的农用地转用计划指标，要重点向县城和部分基础条件好、发展潜力大的建制镇倾斜。

二、立足存量，内涵挖潜，促进小城镇建设集约用地

小城镇建设用地必须立足于挖掘存量建设用地潜力。用地指标主要通过农村居民点向中心村和集镇集中、乡镇企业向工业小区集中和村庄整理等途径解决，做到在小城镇建设中镇域或县域范围内建设用地总量不增加。

县、乡级土地利用总体规划和城镇建设规划已经依法批准的试点小城镇，可以给予一定数量的新增建设用地占用耕地的周转指标，用于实施建新拆旧，促进建设用地的集中。周转指标由省级国土资源部门单列，坚持“总量控制，封闭运行，台账管理，统计单列，年度检查，到期归还”。

要鼓励农民进镇购房或按规划集中建房，节约的宅基地指标可用作小城镇发展的建设用地指标。对于集中建房或进镇购房农户的原宅基地复耕或依法转让的，可视同履行占补平衡义务。要从严控制分散建房，严禁以

小城镇建设为名建“路边店”。凡是不符合土地利用总体规划的建设项目或已确定撤并的村庄不得再增加新的建设用地。

三、深化土地使用制度改革，充分运用市场机制配置小城镇建设用地

各地要大力推进土地的有偿使用，集聚小城镇建设资金。小城镇国有建设用地，除法律规定可以划拨方式提供外，都应以出让等有偿使用方式供地。对经营性用地要以公开、公平、公正的市场方式配置，凡可竞价的，要一律以招标、拍卖方式供应。经济欠发达地区也要从本地实际出发，对经营性用地实行有偿使用，积极推广小宗地招标、拍卖出让土地的经验。

要加强集体建设用地管理。对已经列入城市土地利用总体规划确定的建设用地范围内的集体土地，必须纳入城市用地统一管理、统一转用、统一开发、统一供应；对土地利用总体规划确定的城市建设用地范围外的小城镇集体建设用地，也要统一规划、加强管理，严格控制建单门独院住宅，提倡建单元楼。对已合法取得的集体建设用地的调整、改造，要切实保障农民的合法权益。占用农民集体的土地必须真正做到依法补偿，不得人为压低补偿费用。

四、积极参与小城镇建设试点工作，提供优质服务

各级国土资源管理部门要积极参与小城镇建设试点工作，依法认真履行规划、管理、保护和合理利用国土资源的重要职责。对试点小城镇的建设用地要加强指导，及时研究新情况，解决新问题。要按照法定程序审批小城镇建设用地，做到依法批地、合法用地。要切实加强小城镇的土地登记工作。要加大行政执法监察力度，依法严肃查处各类违法批地、用地行为，为小城镇健康发展创造良好的用地环境。

国土资源部

2000 年 11 月 30 日

中共中央 国务院关于促进小城镇健康发展的若干意见
(中发〔2000〕11号)

党的十五届三中全会通过的《中共中央关于农业和农村工作若干重大问题的决定》指出:“发展小城镇,是带动农村经济和社会发展的一个大战略”。当前,各地积极贯彻落实中央精神,小城镇的发展形势总的是好的。但也存在着一些不容忽视的问题:一些地方缺乏长远、科学的规划,小城镇布局不合理;有些地方存在不顾客观条件和经济社会发展规律,盲目攀比、盲目扩大的倾向;多数小城镇基础设施不配套,影响城镇整体功能的发挥;小城镇自身管理体制不适应社会主义市场经济的要求。为促进小城镇健康发展,特提出如下意见。

一、充分认识发展小城镇的重大战略意义

对农业和农村经济结构进行战略性调整,全面提高农业和农村经济的整体素质和效益,增加农民收入,提高农业生活水平,是当前和今后一个时期我国农业和农村工作的首要任务。发展小城镇,可以加快农业富余劳动力的转移,是提高农业劳动生产率和综合经济效益的重要途径,可以促进乡镇企业适当集中和结构调整,带动农村第三产业特别服务业的迅速发展,为农民创造更多的就业岗位。这对解决现阶段农村一系列深层次矛盾,优化农业和农村经济结构,增加农民收入,具有十分重要的作用。

扩大国内需求,开拓国内市场特别是农村市场,是我国经济发展的基本立足点和长期战略方针。发展小城镇,可以有效带动农村基础设施建设和房地产业的发展,扩大投资需求尤其是吸引民间投资,可以明显提高农民消费的商品化程度,扩大对住宅、农产品、耐用消费品和服务业的需

求。这不仅有利于缓解当前国内需求不足和农产品阶段性过剩状况，而且也为整个工业和服务业的长远发展拓展新的市场空间。

加快我国城镇化进程，实现城镇化与工业化协调发展，小城镇占有重要的地位。发展小城镇，可以吸纳众多的农村人口，降低农村人口盲目涌入大中城市的风险和成本，缓解现有大中城市的就业压力，走出一条适合我国国情的大中小城市和小城镇协调发展的城镇化道路。

发展小城镇，是实现我国农村现代化的必由之路。农村人口进城定居，有利于广大农民逐步改变传统的生活方式和思想观念；有利于从整体上提高我国人口素质，缩小工农差别和城乡差别；有利于实现城乡经济社会协调发展，全面提高广大农民的物质文化生活水平。

当前，加快城镇化进程的时机和条件已经成熟。抓住机遇，适时引导小城镇健康发展，应当作为当前和今后较长时期农村改革与发展的一项重要任务。

二、发展小城镇必须坚持的指导原则

发展小城镇要以党的十五届三中全会确定的基本方针为指导，遵循以下原则。

——尊重规律，循序渐进。小城镇是经济社会发展到一定阶段的产物，必须尊重客观规律，尊重农民意愿，量力而行。要优先发展已经具有一定规模、基础条件较好的小城镇，防止不顾客观条件，一哄而起，遍地开花，搞低水平分散建设。不允许以小城镇建设为名，乱集资、乱摊派，加重农民和企业负担。

——因地制宜，科学规划。我国幅员辽阔，经济发展不平衡，发展小城镇的条件也各不相同。各地要从实际出发，根据当地经济发展水平、区位特点和资源条件，搞好小城镇的规划和布局，突出重点，注重实效，防止不切实际，盲目攀比。

——深化改革，创新机制。小城镇建设和管理要按照社会主义市场经济的要求，改革创新，广泛开辟投融资渠道，促进基础设施建设和公益事业发展，走出一条在政府引导下，主要通过市场机制建设小城镇的路子。要转变政府职能，从根本上降低管理成本，提高管理效率。

——统筹兼顾，协调发展。发展小城镇，不能削弱农业的基础地位。要利用小城镇连接城乡的区位优势，促进农村劳动力、资金、技术等生产要素优化配置，推动一、二、三产业协调发展。要坚持物质文明和精神文明一起抓，在搞好小城镇经济建设的同时，大力推进教育、科技、文化、卫生以及环保等事业的发展，实现城乡经济社会和生态环境的可持续发展。

城镇化水平的提高是一个渐进的过程。发展小城镇既要积极，又要稳妥。力争经过10年左右的努力，将一部分基础较好的小城镇建设成为规模适度、规划科学、功能健全、环境整治、具有较强辐射能力的农村区域性经济文化中心，其中少数具备条件的小城镇要发展成为带动能力更强的小城市，使全国城镇化水平有一个明显的提高。

三、发展小城镇要统一规划和合理布局

各级政府要按照统一规划、合理布局的要求，抓紧编制小城镇发展规划，并将其列入国民经济和社会发展计划。重点发展现有基础较好的建制镇，搞好规划，逐步发展。在大城市周边地区，要按照产业和人口的合理分布，适当发展一批卫星城镇。在沿海发达地区，要适应经济发展较快的要求，完善城镇功能，提高城镇建设水平，更多地吸纳农村人口。在中西部地区，应结合西部大开发战略，重点支持区位优势和发展潜力比较明显的小城镇加快发展。要严格限制新建制镇的审批。

在小城镇的规划中，要注重经济社会和环境的全面发展，合理确定人口规模与用地规模，既要坚持建设标准，又要防止贪大求洋和乱铺摊子。规划的编制要严格执行有关法律法规，切实做好与土地利用总体规划以及

交通网络、环境保护、社会发展等各方面规划的衔接和协调。规划的调整要按法定程序办理。小城镇建设要各具特色，切忌千篇一律，特别要注意保护文物古迹以及具有民族和地方特点的文化自然景观。

四、积极培育小城镇的经济基础

充满活力的经济是小城镇繁荣和发展的基础。要根据小城镇的特点，以市场为导向，以产业为依托，大力发展特色经济，着力培育各类农业产业化经营的龙头企业，形成农副产品的生产、加工和销售基地。要发挥小城镇功能和连接大中城市的区位优势，兴办各种服务行业，因地制宜地发展各类综合性或专业性商品批发市场。要充分利用风景名胜及人文景观，发展观光旅游业。

要通过完善基础设施建设，加强服务，减轻企业负担等措施，吸引乡镇企业进镇。要鼓励农村新办企业向镇区集中，要抓住国有企业战略改组的机遇，吸引技术、人才和相关产业向小城镇转移。鼓励大中城市的工商企业到小城镇开展产品开发、商业连锁、物资配送、旧货调剂、农副产品批发等经营活动。鼓励商业保险机构拓宽服务范围，到小城镇开展各类商业保险业务。

五、充分运用市场机制搞好小城镇建设

各地要制定相应的优惠政策，吸引企业、个人及外商以多种方式参与小城镇基础设施的投资、建设和经营，多渠道投资小城镇教育、文化、卫生等公用事业，走出一条在政府引导下主要依靠社会资金建设小城镇的路子。对有收益的基础设施，可合理确定服务价格，实行有偿使用。鼓励相邻的小城镇共建、共享某些基础设施，提高投资效益。

金融机构要拓宽服务领域，积极参与和支持小城镇建设。国有商业银行要采取多种形式，增加对小城镇建设的贷款数额，逐步开展对有稳定收

入的进镇农民在购房、购车和其他消费方面的信贷业务。

为促进小城镇健康发展，国家要在农村电网改造、公路、广播电视、通讯等基础设施建设方面给予支持。地方各级政府要根据自身财力状况，重点支持小城镇镇区道路、供排水、环境整治、信息网络等公用设施和公益事业建设。要严格建设项目审批程序，严禁以小城镇建设为名，铺张浪费，大搞楼堂馆所。

六、妥善解决小城镇建设用地

发展小城镇要统一规划，集中用地，做到集约用地和保护耕地。要通过挖潜，改造旧镇区，积极开展迁村并点，土地整理，开发利用荒地和废弃地，解决小城镇的建设用地。要采取严格保护耕地的措施，防止乱占耕地。

小城镇建设用地要纳入省（自治区、直辖市）、市（地）、县（市）土地利用总体规划和土地利用年度计划。对重点小城镇的建设用地指标，由省级土地管理部门优先安排。对以迁村并点和土地整理等方式进行小城镇建设的，可在建设用地计划中予以适当支持。要严格限制分散建房的宅基地审批，鼓励农民进镇购房或按规划集中建房，节约的宅基地可用于小城镇建设用地。

小城镇建设用地，除法律规定可以划拨的以外，一律实行有偿使用。小城镇现有建设用地的有偿使用收益，留给镇级财政，统一用于小城镇的开发和建设。小城镇新增建设用地的有偿使用收益，要优先用于重点小城镇补充耕地，实现耕地占补平衡。

七、改革小城镇户籍管理制度

为鼓励农民进入小城镇，从2000年起，凡在县级市市区、县人民政府驻地镇及县以下小城镇有合法固定住所、稳定职业或生活来源的农民，均可根据本人意愿转为城镇户口，并在子女入学、参军、就业等方面享受与城镇居民同等待遇，不得实行歧视性政策。对在小城镇落户的农民，各地区、各部门不得收取城镇增容费或其他类似费用。

要积极探索适合小城镇特点的社会保障制度。对进镇落户的农民，可根据本人意愿，保留其承包土地的经营权，也允许依法有偿转让。农村集体经济组织要严格承包合同管理，防止进镇农民的耕地撂荒和非法改变用途。对进镇农户的宅基地，要适时置换出来，防止闲置浪费。

小城镇户籍制度改革，要高度重视进镇人口的就业问题。各省、自治区、直辖市人民政府要按照国家有关规定和当地实际情况，制定小城镇户籍制度改革的具体办法。

八、完善小城镇政府的经济和社会管理职能

要积极探索适合小城镇特点的新型城镇管理体制，大力精简人员，把小城镇政府建成职能明确、结构合理、精干高效的政府。镇政府要集中精力管理公共行政和公益性事业，创造良好的投资环境和社会环境，避免包揽具体经济事务。在规定的机构编制限额内，镇政府可根据实际需要设置机构和配备人员，不要求上下对口。小城镇政府的行政开支要严格实行预决算制度，不得向社会摊派。

理顺县、镇两级财政关系，完善小城镇的财政管理体制。具备条件的小城镇，应按照有关法律的要求，设立独立的一级财税机构和镇级金库，做到“一级政府，一级财政”。根据财权与事权相统一和调动县（市）、镇两个积极性的原则，明确小城镇政府的事权和财权，合理划分收支范围，逐步建立稳定、规范、有利于小城镇长远发展的分税制财政体制。对尚不具备实行分税制条件的小城镇，要在协调县（市）、镇两级财政关系的基础上，合理确定小城镇的收支基数。对重点发展的小城镇，在实行分税制财政体制之前，其地方财政超收部分的全部或大部分留于镇级财政。

九、搞好小城镇的民主法制建设和精神文明建设

在小城镇的建设和管理中，要加强民主和法制建设，健全民主监督机制，依法行政。根据户籍管理制度改革的新特点，搞好小城镇的社会治安综合治理，依法严厉打击各种刑事犯罪行为，严厉打击邪教和利用宗教形式进行的非法活动，建立良好的社会秩序。

要大力提高镇区居民和进镇农民的思想道德水平和科学文化素质，采用各种行之有效的形式，宣传有中国特色社会主义理论和党的各项方针、政策，普及科学文化知识，教育和引导农民移风易俗，破除迷信，革除陋习，逐步形成适应城镇要求的生活方式和生育观念，用社会主义精神文明占领小城镇的思想文化阵地。

进一步加强小城镇的干部队伍建设。结合机构改革，选调一批政治素质高、年富力强、懂经济、会管理的同志，充实到小城镇的领导岗位。加强对镇政府主要负责人的培训，提高他们的民主法制观念、政策水平和管理能力。

十、加强对发展小城镇工作的领导

发展小城镇的规划和组织实施工作主要由地方负责。各省、自治区、直辖市党委和人民政府，要根据本意见的精神，认真研究制定促进小城镇健康发展的具体政策措施，分级负责，扎实做好工作。

中央和国务院各有关部门要通力协作，各司其职，加强对发展小城镇的政策指导和协调，可选择一些基础较好、具有较大发展潜力的建制镇作为试点，做好服务工作。使这些小城镇在规划布局、体制创新、城镇建设、可持续发展和精神文明建设等方面，为其他小城镇提供示范和经验。

中共中央

国务院

2000 年 6 月 13 日

财政部 住房城乡建设部关于绿色重点小城镇试点示范的实施意见
（财建〔2011〕341号）

有关省、自治区、直辖市、计划单列市财政厅（局），住房城乡建设厅（委、局）：

为贯彻党的十七届五中全会精神，积极稳妥推进中国特色城镇化，促进我国小城镇健康、协调、可持续发展，财政部、住房城乡建设部决定“十二五”期间开展绿色重点小城镇试点示范，制定如下实施意见：

一、开展绿色重点小城镇试点示范的重要意义

小城镇是中国特色城镇体系中的重要环节。近年来，随着城乡经济社会发展和城镇化战略实施，我国小城镇得到了较快发展，积聚人口规模不断增加，有效促进了改善当地居民生产生活条件，推动了区域协调发展。但当前，我国小城镇建设发展中存在着在资源能源利用粗放、基础设施和公共服务配套不完善、人居生态环境治理滞后等突出问题。开展绿色重点小城镇试点示范，有利于引导城乡建设模式转型，增强节能减排能力，缓解大城市人口压力，推进城镇化可持续发展；有利于增强小城镇居住功能和公共服务功能，提高人口和经济集聚程度，统筹城乡经济社会发展；有利于增强城乡居民消费能力，加快服务业发展，促进扩大内需，推进经济结构调整。

二、开展绿色重点小城镇试点示范的指导思想和基本原则

开展绿色重点小城镇试点示范的指导思想是，深入贯彻落实科学发展

观，以党的十七大和十七届三中、五中全会精神为指导，按集约节约、功能完善、宜居宜业、特色鲜明的总体要求，促进小城镇健康发展，通过加强政策扶持与引导，创建一批生态环境良好、基础设施完善、人居环境优良、管理机制健全、经济社会发展协调的绿色重点小城镇，切实为提高小城镇建设的质量和水平提供示范，为建立符合我国国情的小城镇建设发展模式积累经验。

根据上述指导思想，开展绿色重点小城镇试点示范要坚持以下基本原则：一是中央政策引导，试点示范带动。通过中央支持试点示范、完善评价体系、明确建设要求等，带动和引导绿色小城镇建设，克服大拆大建和贪大求洋等不良倾向。二是地方责任主体，统筹规划推进。地方政府承担小城镇建设发展的主要责任，抓好绿色重点小城镇试点示范组织实施，确保政策效果；地方政府要按照中央政策导向要求，认真修编行政区域内重点镇规划，并完善配套管理机构和政策措施，予以稳步推进发展。三是加强绿色建设，夯实发展基础。推动小城镇发展，要做好完善基础设施、培育发展经济、健全公共服务体系、保障农民权益等各项工作。开展绿色重点小城镇试点示范，从加强城镇薄弱环节入手，为更好地推进其他各项工作奠定基础。四是注重机制探索，积累工作经验。推进小城镇建设发展涉及面广、工作难度大，要通过开展试点工作，检验政策效果，解决实际问题，完善制度办法，为进一步推进小城镇建设发展积累经验。

三、绿色重点小城镇试点示范的工作内容

（一）设立评价体系，明确目标任务。建立绿色重点小城镇评价指标体系，对人均建设用地、污水处理率、绿化面积、垃圾无害化处理率等指标实行量化考核。根据东、中、西部区域的不同，评价指标将有所区别。试点示范镇要根据评价指标相应明确有效利用土地和其他资源、合理布局建设用地、加强生态环境建设、改善居住环境、增强基础设施和公共服务

覆盖能力、引导产业和人口有序集聚等方面的目标和任务。

（二）探索建设模式，体现特色发展。根据各地经济社会发展水平、区位特点、资源和环境基础，分类探索小城镇建设发展模式。要保持地方和小城镇特色、保护历史街区与历史建筑、避免千篇一律。大城市郊区及城镇密集地区试点镇，要积极探索城乡基础设施共建共享、融入城市发展的有效途径；历史文化及旅游景观的特色试点镇，要在挖掘资源优势、统筹保护和开发方面形成好的机制与办法；位于中西部及农村地区的试点镇，要在增强产业聚集功能与综合承载能力，更好地发挥“以城带乡”作用方面积累经验。

（三）完善规划编制，落实建设任务。根据试点示范目标任务及发展模式，编制完善绿色重点小城镇总体规划和各专项规划。试点示范镇建设要把改善人居环境、增强居住功能与公共服务功能作为主要任务，统筹安排基础设施、公共服务及其他类相关建设。制订实施方案，要细化建设任务，提出重点建设项目规模、施工方案、实施进度和资金安排，把规划建设要求落到实处。

（四）突出绿色生态，保证重点工程。试点示范镇要切实增强节能减排能力，重点开展以下绿色生态设施建设，一是污水和垃圾处理等环境建设项目；二是太阳能及浅层地能可再生能源建筑应用、既有居住建筑节能改造建设项目；三是商贸流通设施、镇内道路、园林绿化及供排水设施等基础设施建设项目。

（五）落实县级责任，统筹项目建设。试点示范镇所在县级人民政府对推进绿色重点镇负总责，按照实施方案，统筹推进各类项目建设。要落实规划建设管理和项目质量安全责任，确保工程建设质量；积极筹措资金，将更多的政策资源向绿色重点小城镇倾斜；切实抓好工作进度，积极稳妥地推进绿色重点小城镇的建设。

四、绿色重点小城镇试点示范的支持政策

（一）财政支持政策。中央财政利用现有的资金渠道支持试点示范镇建设发展，在符合相关管理办法规定的前提下，城镇污水管网建设、建筑节能、可再生能源建筑应用、商贸流通服务业发展等专项资金向绿色重点小城镇倾斜，支持绿色重点小城镇开展相关工作，完成相应建设任务。地方财政也要切实加大投入，与中央财政资金形成合力，更好地支持绿色重点小城镇的建设发展。

（二）城乡建设政策。住房城乡建设部将试点示范镇纳入项目带动规划一体化实施试点，加强保障性住房和农村危房改造的支持力度。地方各级住房城乡建设部门要整合现有各类支持小城镇建设的项目和资金，向试点示范镇倾斜。

五、绿色重点小城镇试点示范的组织实施

（一）循序渐进、逐步推进。2011 年将率先在部分积极性高、工作基础好的省份选择少量试点示范镇，并在试点过程中不断完善有关政策，待取得经验后，逐步扩大政策实施范围。2011 年试点申报组织工作另行通知。

（二）加强指导，协同推动。财政部、住房城乡建设部组织专家组对试点示范镇规划修编、实施方案编制、工程质量控制、绩效考核评估等全过程予以指导。地方财政、住房城乡建设部门也要及时协调解决试点过程中的问题，联合有关部门协同推进试点实施。

（三）绩效评价，加强监督。将绿色重点小城镇试点纳入财政绩效考评范围和重点镇动态考核范围，建立健全评价指标体系，对工作开展较好、试点效果突出的试点示范镇加大支持力度，并作为示范样板予以推广。切实加强监督检查，提高财政资金使用效率，确保建设项目实施

效果。

绿色重点小城镇试点示范工作要求高、任务重。地方各级财政、住房城乡建设部门要根据以上实施意见，制订推进绿色重点小城镇试点示范工作的具体办法。试点示范工作开展的情况，及时向财政部、住房城乡建设部报告。

财政部

住房城乡建设部

2011年6月3日

关于规范推进特色小镇和特色小城镇建设的若干意见（发改规划〔2017〕2084号）

各省、自治区、直辖市人民政府，新疆生产建设兵团：

特色小镇是在几平方千米土地上集聚特色产业、生产生活生态空间相融合、不同于行政建制镇和产业园区的创新创业平台。特色小城镇是拥有几十平方千米以上土地和一定人口经济规模、特色产业鲜明的行政建制镇。近年来，各地区各有关部门认真贯彻落实党中央国务院决策部署，积极稳妥推进特色小镇和小城镇建设，取得了一些进展，积累了一些经验，涌现出一批产业特色鲜明、要素集聚、宜居宜业、富有活力的特色小镇。但在推进过程中，也出现了概念不清、定位不准、急于求成、盲目发展以及市场化不足等问题，有些地区甚至存在政府债务风险加剧和房地产化的苗头。为深入贯彻落实党中央国务院领导同志重要批示指示精神，现就规范推进各地区特色小镇和小城镇建设提出以下意见。

一、总体要求

（一）指导思想。深入学习贯彻党的十九大精神，以习近平新时代中国特色社会主义思想为指导，坚持以人民为中心，坚持贯彻新发展理念，把特色小镇和小城镇建设作为供给侧结构性改革的重要平台，因地制宜、改革创新，发展产业特色鲜明、服务便捷高效、文化浓郁深厚、环境美丽宜人、体制机制灵活的特色小镇和小城镇，促进新型城镇化建设和经济转型升级。

（二）基本原则。

坚持创新探索。创新工作思路、方法和机制，着力培育供给侧小镇经济，努力走出一条特色鲜明、产城融合、惠及群众的新路子，防止“新瓶装旧酒”“穿新鞋走老路”。

坚持因地制宜。从各地区实际出发，遵循客观规律，实事求是、量力而行、控制数量、提高质量，体现区域差异性，提倡形态多样性，不搞区域平衡、产业平衡、数量要求和政绩考核，防止盲目发展、一哄而上。

坚持产业建镇。立足各地区要素禀赋和比较优势，挖掘最有基础、最具潜力、最能成长的特色产业，做精做强主导特色产业，打造具有核心竞争力和可持续发展特征的独特产业生态，防止千镇一面和房地产化。

坚持以人为本。围绕人的城镇化，统筹生产生活生态空间布局，提升服务功能、环境质量、文化内涵和发展品质，打造宜居宜业环境，提高人民获得感和幸福感，防止政绩工程和形象工程。

坚持市场主导。按照政府引导、企业主体、市场化运作的要求，创新建设模式、管理方式和服务手段，推动多元化主体同心同向、共建共享，发挥政府制定规划政策、搭建发展平台等作用，防止政府大包大揽和加剧债务风险。

二、重点任务

（三）准确把握特色小镇内涵。各地区要准确理解特色小镇内涵特质，立足产业“特而强”、功能“聚而合”、形态“小而美”、机制“新而活”，推动创新性供给与个性化需求有效对接，打造创新创业发展平台和新型城镇化有效载体。不能把特色小镇当成筐、什么都往里装，不能盲目把产业园区、旅游景区、体育基地、美丽乡村、田园综合体以及行政建制镇戴上特色小镇“帽子”。各地区可结合产业空间布局优化和产城融合，循序渐进发展“市郊镇”“市中镇”“园中镇”“镇中镇”等不同类型特色小镇；依托大城市周边的重点镇培育发展卫星城，依托有特色资源的重点镇培育发展专业特色小城镇。

（四）遵循城镇化发展规律。浙江特色小镇是经济发展到一定阶段的产物，具备相应的要素和产业基础。各地区发展很不平衡，要按规律办事，树立正确政绩观和功成不必在我的理念，科学把握浙江经验的可复制和不可复制内容，合理借鉴其理念方法、精神实质和创新精神，追求慢工出细活出精品，避免脱离实际照搬照抄。特别是中西部地区要从实际出发，科学推进特色小镇和小城镇建设布局，走少而特、少而精、少而专的发展之路，避免盲目发展、过度追求数量目标和投资规模。

（五）注重打造鲜明特色。各地区在推进特色小镇和小城镇建设过程中，要立足区位条件、资源禀赋、产业积淀和地域特征，以特色产业为核心，兼顾特色文化、特色功能和特色建筑，找准特色、凸显特色、放大特色，防止内容重复、形态雷同、特色不鲜明和同质化竞争。聚焦高端产业和产业高端方向，着力发展优势主导特色产业，延伸产业链、提升价值链、创新供应链，吸引人才、技术、资金等高端要素集聚，打造特色产业集群。

（六）有效推进“三生融合”。各地区要立足以人为本，科学规划特色小镇的生产、生活、生态空间，促进产城人文融合发展，营造宜居宜业环境，提高集聚人口能力和人民群众获得感。留存原居民生活空间，防止将原居民整体迁出。增强生活服务功能，构建便捷“生活圈”、完善“服务圈”和繁荣“商业圈”。提炼文化经典元素和标志性符号，合理应用于建设运营及公共空间。保护特色景观资源，将美丽资源转化为“美丽经济”。

（七）厘清政府与市场边界。各地区要以企业为特色小镇和小城镇建设主力军，引导企业有效投资、对标一流、扩大高端供给，激发企业家创造力和人民消费需求。鼓励大中型企业独立或牵头打造特色小镇，培育特色小镇投资运营商，避免项目简单堆砌和碎片化开发。发挥政府强化规划引导、营造制度环境、提供设施服务等作用，顺势而为、因势利导，不要过度干预。鼓励利用财政资金联合社会资本，共同发起特色小镇建设基金。

（八）实行创建达标制度。各地区要控制特色小镇和小城镇建设数量，避免分解指标、层层加码。统一实行宽进严定、动态淘汰的创建达标制度，取消一次性命名制，避免各地区只管前期申报、不管后期发展。

（九）严防政府债务风险。各地区要注重引入央企、国企和大中型民企等作为特色小镇主要投资运营商，尽可能避免政府举债建设进而加重债务包袱。县级政府综合债务率超过100%的风险预警地区，不得通过融资平台公司变相举债立项建设。统筹考虑综合债务率、现有财力、资金筹措和还款来源，稳妥把握配套设施建设节奏。

（十）严控房地产化倾向。各地区要综合考虑特色小镇和小城镇吸纳就业和常住人口规模，从严控制房地产开发，合理确定住宅用地比例，并结合所在市县商品住房库存消化周期确定供应时序。适度提高产业及商业用地比例，鼓励优先发展产业。科学论证企业创建特色小镇规划，对产业内容、盈利模式和后期运营方案进行重点把关，防范“假小镇真地产”项目。

（十一）严格节约集约用地。各地区要落实最严格的耕地保护制度和最严格的节约用地制度，在符合土地利用总体规划和城乡规划的前提下，划定特色小镇和小城镇发展边界，避免另起炉灶、大拆大建。鼓励盘活存量和低效建设用地，严控新增建设用地规模，全面实行建设用地增减挂钩政策，不得占用永久基本农田。合理控制特色小镇四至范围，规划用地面积控制在3平方千米左右，其中建设用地面积控制在1平方千米左右，旅游、体育和农业类特色小镇可适当放宽。

（十二）严守生态保护红线。各地区要按照《关于划定并严守生态保护红线的若干意见》要求，依据应划尽划、应保尽保原则完成生态保护红线划定工作。严禁以特色小镇和小城镇建设名义破坏生态，严格保护自然保护区、文化自然遗产、风景名胜区、森林公园和地质公园等区域，严禁挖山填湖、破坏山水田园。严把特色小镇和小城镇产业准入关，防止引入高污染高耗能产业，加强环境治理设施建设。

三、组织实施

（十三）提高思想认识。各地区要深刻认识特色小镇和小城镇建设的重要意义，将其作为深入推进供给侧结构性改革的重要平台，以及推进经济转型升级和新型城镇化建设的重要抓手，切实抓好组织实施。

（十四）压实省级责任。各省级人民政府要强化主体责任意识，按照本意见要求，整合各方力量，及时规范纠偏，调整优化实施方案、创建数量和配套政策，加强统计监测。

（十五）加强部门统筹。充分发挥推进新型城镇化工作部际联席会议机制的作用，由国家发展改革委牵头，会同国土资源、环境保护、住房和城乡建设等有关部门，共同推进特色小镇和小城镇建设工作，加强对各地区的监督检查评估。国务院有关部门对已公布的两批 403 个全国特色小城镇、96 个全国运动休闲特色小镇等，开展定期测评和优胜劣汰。

（十六）做好宣传引导。发挥主流媒体舆论宣传作用，持续跟踪报道建设进展，发现新短板新问题，总结好样板好案例，形成全社会关注关心的良好氛围。

国家发展改革委

国土资源部

环境保护部

住房和城乡建设部

2017 年 12 月 4 日

住房城乡建设部 国家开发银行关于推进开发性金融支持小城镇建设的通知
（建村〔2017〕27号）

各省、自治区、直辖市住房城乡建设厅（建委），北京市农委、规划和国土资源管理委，上海市规划和国土资源管理局，新疆生产建设兵团建设局，国家开发银行各省（区、市）分行、企业局：

为贯彻落实党中央、国务院关于推进小城镇建设的精神，大力推进开发性金融支持小城镇建设，现就有关工作通知如下。

一、充分认识开发性金融支持小城镇建设的重要意义

小城镇是新型城镇化建设的重要载体，是促进城乡协调发展最直接最有效的途径，在推进经济转型升级、绿色低碳发展和生态环境保护等方面发挥着重要作用。小城镇建设任务艰巨，资金需求量大，迫切需要综合运用财政、金融政策，引导金融机构加大支持力度。开发性金融支持是推动小城镇建设的重要手段，是落实供给侧结构性改革的重要举措。各级住房城乡建设部门、国家开发银行各分行要充分认识开发性金融支持小城镇建设的重要意义，加强部行协作，强化资金保障，全面提升小城镇的建设水平和发展质量。

二、主要工作目标

（一）落实《住房城乡建设部 国家发展改革委 财政部关于开展特色小镇培育工作的通知》（建村〔2016〕147号），加快培育1000个左右各具特色、富有活力的休闲旅游、商贸物流、现代制造、教育科技、传统文

化、美丽宜居的特色小镇。优先支持《住房城乡建设部关于公布第一批中国特色小镇名单的通知》（建村〔2016〕221 号）确定的 127 个特色小镇。

（二）落实《住房城乡建设部等部门关于公布全国重点镇名单的通知》（建村〔2014〕107 号），大力支持 3675 个重点镇建设，提升发展质量，逐步完善一般小城镇的功能，将一批产业基础较好、基础设施水平较高的小城镇打造成特色小镇。

（三）着力推进大别山等集中连片贫困地区的脱贫攻坚，优先支持贫困地区基本人居卫生条件改善和建档立卡贫困户的危房改造。

（四）探索创新小城镇建设运营及投融资模式，充分发挥市场主体作用，打造一批具有示范意义的小城镇建设项目。

三、重点支持内容

（一）支持以农村人口就地城镇化、提升小城镇公共服务水平和提高承载能力为目的的设施建设。主要包括：土地及房屋的征收、拆迁和补偿；供水、供气、供热、供电、通讯、道路等基础设施建设；学校、医院、邻里中心、博物馆、体育馆、图书馆等公共服务设施建设；防洪、排涝、消防等各类防灾设施建设。重点支持小城镇污水处理、垃圾处理、水环境治理等设施建设。

（二）支持促进小城镇产业发展的配套设施建设。主要包括：标准厂房、众创空间、产品交易等生产平台建设；展示馆、科技馆、文化交流中心、民俗传承基地等展示平台建设；旅游休闲、商贸物流、人才公寓等服务平台建设，以及促进特色产业发展的配套设施建设。

（三）支持促进小城镇宜居环境塑造和传统文化传承的工程建设。主要包括：镇村街巷整治、园林绿地建设等风貌提升工程；田园风光塑造、生态环境修复、湿地保护等生态保护工程；传统街区修缮、传统村落保护、非物质文化遗产活化等文化保护工程。

四、建立项目储备制度

（一）建立项目储备库。各县（市、区）住房城乡建设（规划）部门要加快推进本地区小城镇总体规划编制或修编，制定近期建设项目库和年度建设计划，统筹建设项目，确定融资方式和融资规模，完成有关审批手续。

（二）推荐备选项目。各县（市、区）住房城乡建设（规划）部门要组织做好本地区项目与国家开发银行各分行的项目对接和推荐，填写小城镇建设项目入库申报表，报省级住房城乡建设部门。省级住房城乡建设部门应汇总项目申报表，于2017年3月底前报住房城乡建设部，并将项目信息录入全国小城镇建设项目储备库。

今后，应在每年11月底前报送下一年度项目申报表，并完成项目录入工作。住房城乡建设部将会同国家开发银行对各地上报项目进行评估，将评估结果好的项目作为优先推荐项目。

五、加大开发性金融支持力度

（一）做好融资规划。国家开发银行将依据小城镇总体规划，适时编制相应的融资规划，做好项目融资安排，针对具体项目的融资需求，统筹安排融资方式和融资总量。

（二）加强信贷支持。国家开发银行各分行要会同各地住房城乡建设（规划）部门，确定小城镇建设的投资主体、投融资模式等，共同做好项目前期准备工作。对纳入全国小城镇建设项目储备库的优先推荐项目，在符合贷款条件的情况下，优先提供中长期信贷支持。

（三）创新融资模式，提供综合性金融服务。国家开发银行将积极发挥“投、贷、债、租、证”的协同作用，为小城镇建设提供综合金融服务。根据项目情况，采用政府和社会资本合作（PPP）、政府购买服务、机制评审等模式，推动项目落地；鼓励大型央企、优质民企以市场化模式支持小城镇建设。在风险可控、商业可持续的前提下，积极开展小城镇建设项目涉及的特许经营权、收费权和购买服务协议下的应收账款质押等担保类贷款业务。

六、建立工作协调机制

住房城乡建设部和国家开发银行签署《共同推进小城镇建设战略合作框架协议》，建立部行工作会商制度。省级住房城乡建设部门、国家开发银行省级分行要参照部行合作模式建立工作协调机制，加强沟通、密切合作，及时共享小城镇建设信息，协调解决项目融资、建设中存在的问题和困难；要及时将各地项目进展情况、存在问题及有关建议分别报住房城乡建设部和国家开发银行总行。

中华人民共和国住房和城乡建设部

国家开发银行股份有限公司

2017 年 1 月 24 日

住房城乡建设部 中国建设银行关于推进商业金融支持小城镇建设的通知

(建村〔2017〕81 号)

各省、自治区、直辖市住房城乡建设厅（建委），北京市农委、规划和国土资源管理委，上海市规划和国土资源管理局，新疆生产建设兵团建设局，中国建设银行各省、自治区、直辖市分行，总行直属分行，苏州分行：

为贯彻落实党中央、国务院关于推进小城镇建设的工作部署，大力推进商业金融支持小城镇建设，现就有关工作通知如下。

一、充分认识商业金融支持小城镇建设的重要意义

小城镇是经济转型升级、新型城镇化建设的重要载体，在推进供给侧结构性改革、生态文明建设、城乡协调发展等方面发挥着重要作用。小城镇建设任务重、项目多、资金缺口大，迫切需要发挥市场主体作用，加大商业金融的支持力度，积极引导社会资本进入小城镇。各级住房城乡建设部门、建设银行各分行要充分认识商业金融支持小城镇建设的重要意义，坚持用新发展理念统筹指导小城镇建设，加强组织协作，创新投融资体制，加大金融支持力度，确保项目资金落地，全面提升小城镇建设水平和发展质量。

二、支持范围和内容

（一）支持范围。

落实《住房城乡建设部 国家发展改革委 财政部关于开展特色小镇培育工作的通知》（建村〔2016〕147 号）、《住房城乡建设部等部门关于公布全国重点镇名单的通知》（建村〔2014〕107 号）等文件要求，支持特色小镇、重点镇和一般镇建设。优先支持《住房城乡建设部关于公布第一批中国特色小镇名单的通知》（建村〔2016〕221 号）确定的 127 个特色小镇和各省（区、市）人民政府认定的特色小镇。

（二）支持内容。

1. 支持改善小城镇功能、提升发展质量的基础设施建设。主要包括：道路、供水、电力、燃气、热力等基础设施建设；企业厂房、仓库、孵化基地等生产设施建设；学校、医院、体育场馆、公园、小镇客厅等公共设施建设；居民拆迁安置、园林绿化等居住环境改善设施建设；河湖水系治理、建筑节能改造、新能源利用、污水和垃圾处理等生态环境保护设施建设。

2. 支持促进小城镇特色发展的工程建设。主要包括：街巷空间、建筑风貌等综合环境整治工程建设；传统街区保护和修缮、非物质遗产活化等传统文化保护工程建设；双创平台、展览展示、服务平台、人才交流等促进特色产业发展的配套工程建设。

3. 支持小城镇运营管理融资。主要包括：基础设施改扩建、运营维护融资；运营管理企业的经营周转融资；优质企业生产投资、经营周转、并购重组等融资。

三、实施项目储备制度

（一）建立项目储备库。

各县（市、区）住房城乡建设（规划）部门要加快推进本地区小城镇总体规划编制或修编，制定近期建设项目库和年度建设计划，统筹建设项目，确定融资方式和融资规模，完成有关审批手续。

（二）推荐备选项目。

各县（市、区）住房城乡建设（规划）部门要组织做好本地区建设项目与中国建设银行地市级分行的对接和推荐，填写小城镇建设项目储备表，并报送至省级住房城乡建设部门。省级住房城乡建设部门要联合中国建设银行省级分行对本地区上报项目进行审核，并于2017年5月底前将通过审核的项目信息录入全国小城镇建设项目储备库（http：//www. charmingtown. cn）。住房城乡建设部将会同中国建设银行总行对纳入全国小城镇建设项目储备库的项目进行评估，确定优先推荐项目。

四、发挥中国建设银行综合金融服务优势

（一）加大信贷支持力度。

中国建设银行将统筹安排年度信贷投放总量，加大对小城镇建设的信贷支持力度。对纳入全国小城镇建设项目储备库的推荐项目，予以优先受

理、优先评审和优先投放贷款。

（二）做好综合融资服务。

充分发挥中国建设银行集团全牌照优势，帮助小城镇所在县（市）人民政府、参与建设的企业做好融资规划，提供小城镇专项贷款产品。根据小城镇建设投资主体和项目特点，因地制宜提供债券融资、股权投资、基金、信托、融资租赁、保险资金等综合融资服务。

（三）创新金融服务模式。

中国建设银行将在现有政策法规内积极开展金融创新。探索开展特许经营权、景区门票收费权、知识产权、碳排放权质押等新型贷款抵质押方式。探索与创业投资基金、股权基金等开展投贷联动，支持创业型企业发展。

五、建立工作保障机制

住房城乡建设部与中国建设银行总行签署《共同推进小城镇建设战略合作框架协议》，建立部行工作会商制度。省级住房城乡建设部门、中国建设银行省级分行要参照部行合作模式尽快建立定期沟通机制和工作协作机制，及时共享小城镇建设信息，共同协调解决项目融资、建设中存在的问题，做好风险防控，为小城镇建设创造良好的政策环境和融资环境。执行过程中如有问题和建议，请及时与住房城乡建设部和中国建设银行总行联系。

中华人民共和国住房和城乡建设部

中国建设银行股份有限公司

2017年4月1日

国家发展改革委办公厅关于建立特色小镇和特色小城镇高质量发展机制的通知
（发改办规划〔2018〕1041号）

各省、自治区、直辖市及计划单列市、新疆生产建设兵团发展改革委，住房城乡建设部、国家体育总局、国家开发银行、中国农业发展银行、中国光大银行办公厅（室）：

特色小镇和特色小城镇是新型城镇化与乡村振兴的重要结合点，也是促进经济高质量发展的重要平台。党中央、国务院高度重视，国家发展改革委等部门先后印发实施《关于加快美丽特色小（城）镇建设的指导意见》《关于规范推进特色小镇和特色小城镇建设的若干意见》，引导特色小镇和特色小城镇发展取得一定成效，概念不清、盲目发展及房地产化苗头得到一定纠正。为进一步对标对表党的十九大精神，巩固纠偏成果、有力有序有效推动高质量发展，现通知如下。

一、总体要求

（一）指导思想。全面贯彻党的十九大精神，以习近平新时代中国特色社会主义思想为指导，坚持以人民为中心，坚持稳中求进工作总基调，坚持新发展理念，坚持使市场在资源配置中起决定性作用和更好发挥政府作用，以引导特色产业发展为核心，以严格遵循发展规律、严控房地产化倾向、严防政府债务风险为底线，以建立规范纠偏机制、典型引路机制、服务支撑机制为重点，加快建立特色小镇和特色小城镇高质量发展机制，释放城乡融合发展和内需增长新空间，促进经济高质量发展。

（二）基本原则。

——坚持遵循规律。立足各地区发展阶段，遵循经济规律和城镇化规律，实事求是、因地制宜、量力而行，使特色小镇和特色小城镇建设成为市场主导、自然发展的过程。

——坚持产业立镇。立足各地区比较优势，全面优化营商环境，引导企业扩大有效投资，发展特色小镇投资运营商，打造宜业宜居宜游的特色小镇和特色小城镇，培育供给侧小镇经济。

——坚持规范发展。统筹规范特色小镇和特色小城镇创建工作，把握内涵、纠正偏差、正本清源，坚决淘汰一批缺乏产业前景、变形走样异化的小镇和小城镇。

——坚持典型引路。逐步挖掘特色小镇和特色小城镇典型案例，总结提炼、树立标杆、推广经验、正面引导，以少带多引领面上高质量发展，确保沿正确轨道健康前行。

——坚持优化服务。明确政府角色定位，顺势而为、因势利导，重在理念引导、规划制定、平台搭建和政策创新，使特色小镇和特色小城镇建设成为政府引导、高质量发展的过程。

二、建立规范纠偏机制

以正确把握、合理布局、防范变形走样为导向，统筹调整优化有关部门和省级现有创建机制，强化年度监测评估和动态调整，确保数量服从于质量。

（三）规范省级创建机制。各地区要依据特色小镇与特色小城镇本质内涵的差异性，调整并分列现有省级特色小镇和特色小城镇创建名单，分类明确功能定位和发展模式；在创建名单中，逐年淘汰住宅用地占比过高、有房地产化倾向的不实小镇，政府综合债务率超过 100% 市县通过国有融资平台公司变相举债建设的风险小镇，以及特色不鲜明、产镇不融合、破坏生态环境的问题小镇；对创建名单外的小镇和小城镇，加强监督检查整改。省级发展改革委于每年 12 月，将调整淘汰后的省级特色小镇和特色小城镇创建名单、数据，报送国家发展改革委。

（四）优化部门创建机制。发挥推进新型城镇化工作部际联席会议机制作用，国家发展改革委会同国务院有关部门优化现有创建机制，统一实行有进有退的创建达标制，避免一次性命名制，防止各地区只管前期申报、不管后期发展与纠偏。有关部门按照《关于规范推进特色小镇和特色小城镇建设的若干意见》要求，在已公布的 96 个全国运动休闲特色小镇、两批 403 个全国特色小城镇创建名单中，持续开展评估督导和优胜劣汰，适时公布整改名单，有关情况及时送国家发展改革委。对创建名单外的小镇和小城镇加强监测，视情况动态公布警示名单。

三、建立典型引路机制

以正面引领高质量发展为导向，持续挖掘典型案例、总结有益经验、树立示范性标杆，引导处于发展过程中的小镇和小城镇对标典型、学习先进。

（五）建立典型经验推广机制。逐年组织各地区挖掘并推荐模式先进、成效突出、经验普适的特色小镇和特色小城镇，按少而精原则从中分批选择典型案例，总结提炼特色产业发展、产镇人文融合和机制政策创新等典型经验，以有效方式在全国范围推广，发挥引领示范带动作用。2018 年 9 月底前，省级发展改革委将第一批特色小镇推荐案例（2 个以内），报送国家发展改革委。

（六）明确典型特色小镇条件。基本条件是：立足一定资源禀赋或产业基础，区别于行政建制镇和产业园区，利用 3 平方公里左右国土空间（其中建设用地 1 平方公里左右），在差异定位和领域细分中构建小镇大产业，集聚高端要素和特色产业，兼具特色文化、特色生态和特色建筑等鲜明魅力，打造高效创业圈、宜居生活圈、繁荣商业圈、美丽生态圈，形成产业特而强、功能聚而合、形态小而美、机制新而活的创新创业平台。

（七）明确典型特色小城镇条件。基本条件是：立足工业化城镇化发展阶段和发展潜力，打造特色鲜明的产业形态、便捷完善的设施服务、和谐宜居的美丽环境、底蕴深厚的传统文化、精简高效的体制机制，实现特色支柱产业在镇域经济中占主体地位、在国内国际市场占一定份额，拥有一批知名品牌和企业，镇区常住人口达到一定规模，带动乡村振兴能力较强，形成具有核心竞争力的行政建制镇排头兵和经济发达镇升级版。

（八）探索差异化多样化经验。鼓励各地区挖掘多种类型小镇案例，避免模式雷同、难以推广。立足不同产业门类，挖掘先进制造类、农业田园类及信息、科创、金融、教育、商贸、文旅、体育等现代服务类案例。立足不同地理区位，挖掘“市郊镇”“市中镇”“园中镇”“镇中镇”等特色小镇案例，以及卫星型、专业型等特色小城镇案例。立足不同运行模式，挖掘在机制政策创新、政企合作、投融资模式等方面的先进经验。

四、建立服务支撑机制

以政府引导、企业主体、市场化运作为导向，稳步推动符合规律、富有潜力的特色小镇和特色小城镇高质量发展，为产生更多先进典型提供制度土壤。

（九）鼓励地方机制政策创新。鼓励全面优化营商环境，加强指导、优化服务、开放资源。创新财政资金支持方式，由事前补贴转为事中事后弹性奖补。优化供地用地模式，合理安排建设用地指标，依法依规组织配置农业用地和生态用地，鼓励点状供地、混合供地和建筑复合利用。合理配套公用设施，切实完善小镇功能、降低交易成本。推行特色小镇项目综合体立项，允许子项目灵活布局。鼓励商业模式先进、经营业绩优异、资产负债率合理的企业牵头打造特色小镇，培育特色小镇投资运营商。

（十）搭建政银对接服务平台。引导金融机构逐年为符合高质量发展要求的特色小镇和特色小城镇，在债务风险可控前提下提供长周期低成本融资服务，支持产业发展及基础设施、公共服务设施、智慧化设施等建设。2018 年 12 月底前，省级发展改革委组织收集特色小镇信息，汇总印送省级开发银行、农业发展银行和光大银行，并会同省行将完成尽调小镇信息报送总行，抄送国家发展改革委。各总行开辟绿色通道，2019 年 1 月底前完成评审和融资服务，将批复投放情况报送国家发展改革委。

五、组织保障

（十一）强化上下联动。依托推进新型城镇化工作部际联席会议机制，国家发展改革委强化统筹协调和跟踪督导，建立数据共享平台；各有关部门统一行动、合理参与、把握节奏、精益求精。省级发展改革委要增强责任意识，会同有关部门以钉钉子精神抓好落实。

（十二）加强宣传引导。逐年组织现场经验交流会，指导有关方面开展培训和论坛，引导社会各界学习典型、防范风险。发挥主流媒体舆论导向作用，持续报道建设进展，宣传好案例好经验，形成良好舆论氛围。

国家发展改革委办公厅

2018 年 8 月 30 日